创新与发展系列丛书

中国城市
创新生态系统评价
(2020)

THE EVALUATION OF THE INNOVATION ECOSYSTEM
FOR CHINESE CITIES (2020)

刘涛雄　张永伟　主编
《中国城市创新生态系统评价（2020）》课题组
清华大学创新发展研究院
清华大学社会科学学院新经济与新产业研究中心

社会科学文献出版社
SOCIAL SCIENCES ACADEMIC PRESS (CHINA)

课题组名单

《中国城市创新生态系统评价（2020）》课题组

组　长　刘涛雄　张永伟

成　员（按姓名拼音排序）

窦园园　梁丽华　刘　柱　罗　燊　王　婷

总　论

城市创新生态系统是实现国家经济高质量发展的关键，是推动城市产业转型升级的核心。为了便于对比研究，本书总体上延续了上一版的评价指标体系，并基于当前城市创新生态的新变化，创新性地增加了"智慧性"指标。受制于时间因素，个别数据指标在上一版的基础上进行了替换，替换原则为坚持指标含义相近，因此对评价结果不会产生较大影响。最后，通过对中国 35 个主要城市的创新生态系统的状况进行系统的评价和分析，本书得出如下结论。

1. 全国城市创新生态系统的效率、健康性和智慧性两两间均呈正相关关系

通过对比效率、健康性和智慧性的排名结果，不难发现效率与健康性排名前十的城市中均包含了：北京、上海、深圳、广州、杭州、天津、武汉、重庆，重合率为 80%。效率与健康性排名后十位的城市则包含了：昆明、南宁、银川、海口、呼和浩特、乌鲁木齐、西宁，重合率 70%。效率与智慧性均排名前 10 的城市有：北京、上海、广州、深圳、武汉、杭州、天津，重合率为 70%。效率与智慧性均排名后十位的城市有：昆明、大连、南宁、银川、海口、呼和浩特、吐鲁木齐、西宁，重合率 80%。健康性与智慧性均排名前 10 的城市有：北京、上海、深圳、广州、天津、杭州、武汉、成都、南京，重合率为 90%。健康性与智慧性均排名后 10 的城市有：哈尔滨、昆明、银川、南宁、海口、西宁、乌鲁木齐、呼和浩特，重合率 80%。

表 1　效率、健康性和智慧性排名前 10 的城市

	1	2	3	4	5	6	7	8	9	10
效率	深圳	广州	北京	上海	武汉	重庆	杭州	郑州	天津	福州
健康性	北京	上海	深圳	广州	天津	杭州	重庆	武汉	成都	南京
智慧性	北京	上海	深圳	广州	杭州	武汉	天津	南京	西安	成都

表 2　效率、健康性和智慧性排名后 10 的城市

	26	27	28	29	30	31	32	33	34	35
效率	长春	昆明	大连	南宁	兰州	银川	海口	呼和浩特	乌鲁木齐	西宁
健康性	哈尔滨	昆明	银川	南宁	海口	太原	西宁	乌鲁木齐	兰州	呼和浩特
智慧性	昆明	贵阳	哈尔滨	南宁	大连	乌鲁木齐	海口	银川	呼和浩特	西宁

　　研究结果表明，全国城市创新生态系统的效率与健康性、效率与智慧性、健康性与智慧性均呈正相关，即当城市的某一个指标排名较高时，该城市的另外两个指标也排名靠前；当城市的某一个指标排名较低时，该城市的另外两个指标排名也靠后，这说明城市创新生态系统间各个指标相互影响，全面提升效率、健康性和智慧性将有助于加速推动城市的创新发展。

　　2. 东西部城市创新生态系统差异仍然明显，需要加强东西部城市之间的交流合作

　　通过表 1、表 2 的对比，我们发现今年的东西部城市的效率、健康性和智慧性指标排名依然是东部城市高于中西部城市。在效率排名方面，排名前 10 的城市中，除武汉、郑州、重庆属中西部城市外，其余 7 个城市均为东部城市；排名后 10 的城市中，除大连、海口外，其余 8 个城市均为中西部城市。在健康性排名方面，排名前 10 的城市中除成都、重庆、武汉外，有 7 个城市是东部城市；排名后 10 的城市中除海口外，其余 9 个城市都是中西部城市。在智慧性排名方面，排名前 10 的城市中有 7 个城市是东部城市，排名后 10 的城市中有 8 个城市属于中西部地区。由此可见，东部大部分城市的创新生态系统分指标排名都要比中西部城市靠前，应加强东西部城市间的人才、技术、资金的共享与交流，取长补短，优势互补，加快中西部地区创新生态系统的建设。

　　3. 高层次人才培育与外部人才吸引是城市创新生态系统长足发展的关键

　　具备创新能力的人才作为城市创新生态系统中最富有活力及能动性的一大主体，同时也是城市创新发展的不竭动力。从指标的选取上看，不论是城市创新生态系统效率、健康性还是智慧性评价，人才都是不可或缺的因素。但从不同城市在不同层次人才指标的表现上来看，却存在较大的差异。例如，北京、上海的万人普通本专科在校学生数排名较为靠后，分别

为第 30 名和第 32 名，但两者的万人在校研究生数却较高，分别排第 1 名和第 8 名。另外，深圳在这两个指标上的排名都很靠后，但其创新生态系统却表现优异，城市中集聚着大量不同领域的人才。可见，加大高层次人才培养力度、增强留住外来人才的吸引力方面均可有效助力城市创新生态系统的可持续发展。

4. 深圳广州创新效率一马当先，粤港澳大湾区创新大有可为

根据创新效率评价结果，深圳和广州在全国 35 个主要城市中排名第 1 和第 2。虽然在创新产出的规模上，深圳、广州不及北京、上海，但从投入和产出最优化的角度看，深圳和广州遥遥领先于全国其他城市。深圳的创新成果有目共睹，一直领先全国，甚至在全球也有一席之地。而广州作为粤港澳大湾区的重要城市，在创新主体投入以及信息流转机制方面都排名全国第 1。另外，深圳和广州的排名靠前可能得益于区域间的设施联通、资源融通、民心相通。

推进粤港澳大湾区建设，是习近平总书记亲自谋划、亲自部署、亲自推动的国家战略，是新时代推动形成全面开放新格局的新举措，是深圳、广州进一步推动创新发展的重大历史机遇。随着粤港澳大湾区的推进，深圳、广州在推动产、学、研、政一体化方面，投入逐渐加大，不断有科研机构落地深圳、广州，相信随着创新资源的丰富，创新过程间机制的更加融通，深圳和广州的创新效率会更上一个台阶。

5. 优化投入与产出关系，武汉重庆等中部城市创新效率崛起

在创新效率方面，从 DEA 的数据结果看，除北京外，其他城市均处于创新规模报酬递增的状态。武汉、重庆通过提高创新投入，创新产出也相应得到提高，创新效率位列第 5、6 名。因此实践证明可以通过提高城市的创新投入来实现其创新规模的最优化，尤其是中西部城市，可以学习武汉、重庆的做法，在人才、资本、科技及创新宣传等方面要加大投入力度，以满足城市创新生态系统发展的需要。

武汉和重庆在创新过程指标方面相对落后，在信息流转机制、融资机制、人才机制等指标方面分值都偏低。动态的转化机制，对一个城市的创新效率也起到了至关重要的作用，它反映了一个城市创新发展的系统性和动态性。建议武汉、重庆等中部城市重视创新过程中各种制度的匹配及良性互动，使得创新效率整体上趋向更加优化。

6. 智慧交互是掣肘大部分城市创新生态系统智慧性的主要原因

智慧载体是城市创新生态系统智慧性的基础元素，智慧交互是在已有智慧载体基础上的进一步深化互动与过程应用，是城市创新生态系统智慧性的最终体现。从评价结果看，样本城市整体上的智慧载体表现明显优于智慧交互，也就是说我国很多城市在智慧载体，尤其是信息基础设施配备方面较为完善，但缺乏的是不同创新主体之间的交互，特别是交互量普遍较低。如南京的智慧载体评价得分为 0.48，但其智慧交互评价得分却只有 0.24，其综合智慧性评价得分为 0.36，可见智慧交互已然成为拉低城市创新生态系统智慧性的主要因素。因此，如何提升智慧交互能力是城市下一步需要着重关注的焦点。

7. 提高中西部地区创新硬件资源水平，通过新兴产业、科技项目等方式留住人才

人才是创新的源泉，是最重要的创新要素，从各城市的人力资源得分情况来看，部分西部城市的得分较高，但中西部城市的其他指标得分很低，这说明相比创新人才，中西部地区更加缺乏创新的硬件资源。为此，中央政府以及中西部地区政府应该提高对中西部城市创新硬件资源的支持力度，例如，可以引导更多的高科技企业将研发中心设立到中西部城市，将部分大科学装置落户到中西部城市，为中西部城市中的创新人才提供必要的硬件条件和创新平台。通过新兴产业、科技项目等方式来留住人才，充分发挥人才对促进中西部城市创新生态系统构建的作用。

8. 发挥东中西部城市比较优势，实现城市间差异化竞争

我国东中西部地区资源禀赋差异较大，决定了创新生态系统构建的基础条件也存在较大差异。各个城市应该以自身的比较优势为基础来推动创新的发展，例如近年来贵阳大力推动大数据产业的发展，在部分创新指标上相比其他中西部城市较为靠前。为此，各个地方政府应该积极识别自身的创新比较优势，在此基础上积极引进相关产业的人才，提高创新政策的针对性，使创新生态系统实现良性循环。东部经济较为发达的城市则应逐步放弃已经实现比较优势的产业，实现产业转移，根据新的比较优势大力推动新兴产业的发展，实现与中西部城市的合理分工和差异化竞争。

9. 城市群集聚效应呈现区域特色，东北地区和中部地区的潜力有待挖掘

城市群耦合度整体体现出沿海强于内陆、南方强于北方的态势。以长三角、珠三角和环渤海为代表的东部沿海地区培育出了明显高于其他区域的创新系统。中部城市群各城市间呈现齐头并进的发展模式。东北两大城市群主要体现为人力资本表现较好但缺少产业创新的能力，创新成果与人力资源状况不相符。西部城市群中各城市比较优势不明显，大都处于发展期和转型期，尚未形成稳定的城市群创新生态系统。考察的城市群根据耦合协调度和相似度计算结果，可分为优势集聚型、虹吸效应型、均衡发展型、低协调型四种类型的城市群。

目　录

第一章　绪　论

1.1　研究背景

1.1.1　城市创新生态系统建设日益重要

当前，创新已成为推动经济高质量发展的第一动力。党的十八大明确提出创新是提高社会生产力和综合国力的战略支撑，必须摆在国家发展全局的核心位置。党的十九大报告中，习近平总书记再次强调"创新是引领发展的第一动力"。这些无疑都体现了创新对经济改革和发展的重要性。创新型城市作为支撑国家和区域创新的基础单元，是促进产业转型升级的重要引擎。创新生态系统强调城市内部创新主体、创新资源以及创新环境各要素间的相互作用和有机整合，因此在加强自主创新能力、建设创新型国家背景下，完善、健全的创新生态系统是城市创新和转型升级的重要环节。

随着新的产业革命向纵深推进，经济发展已从过去的资源驱动、资本驱动向知识驱动和创新驱动转变，中心城市的空间极化与扩散效应正从资源、资本聚焦转向技术、创新等知识要素的集聚，城市在国际竞争格局、创新体系及产业链中的地位日益提升，正由制造向研发、由传统产业向高新产业、由生产向服务转变，特大中心城市已成为集聚信息、品牌、人才、技术、知识、资本等创新资源的重要载体。

1.1.2　新时代下城市创新生态系统评价出现了新的特征

随着物联网、云计算、大数据、空间地理信息集成等新一代信息技术的迅速发展，智慧化逐渐成为城市规划、建设、管理和服务不可忽视的新理念和新特征。近年来，国家政府大力推进智慧城市的规划与建设，相继推出一系列政策文件，在地方层 100% 的全国副省级以上城市、90% 的地级以上城市都提出或在建智慧城市。截至目前，全国已有 290 个国家智慧城市试点。2019 年，伴随着《河北雄安新区总体规划（2018－2035 年）》《白洋淀生态环境治理和保护规划（2018－2035 年）》《北京城市副中心控制性详细规划（街区层面）（2016－2035 年）》的获批，我国拉开了新一轮建设智慧城市的热潮。同时，这三个规划的获批也标志着我国重点地区的新型智慧城市建设日益成熟。城市创新生态系统强调城市创新主体间的交互作用和动态演化，智慧性城市的建设为城市各创新主体之间的联系搭建了更为智能的载体，它们是当前城市创新生态系统自组织运转中不可忽略的组成部分。因此，本书将基于当前城市创新生态的新变化，在兼顾上一版创新效率和健康性指标的同时①，进一步将"智慧性"作为新的视角，进而评估城市创新生态系统的各项指标。

1.1.3　城市创新生态系统需要持续跟踪评估

城市创新生态系统具有动态性、复杂性、周期性等特点，在城市发展的不同阶段会呈现不同的特征。对城市创新生态系统进行定期评价，既有利于回答城市当前创新生态系统的发展水平及未来的发展趋势，又有利于对城市之间创新生态系统发展进行横向比较和纵向比较，找到城市之间的发展差距，发现城市自身创新生态系统发展中存在的薄弱点和关键问题，进而帮助城市找到合适的创新发展道路。因此，2020 年度本团队运用已建立的城市创新生态系统的理论与方法，继续展开相关的研究工作，以期对当前的城市创新生态系统的发展提供理论和实践指导。

1.2　文献综述与研究框架

1.2.1　创新生态系统理论

基于生态学的研究视角，创新生态系统被看作是不断成长、成熟并不断完善的有机生态系统，其离不开创新资源、创新环境、基础设施以及政策法规等土壤，这与传统基于投入—产出、资源配置的静态、线性等创新研究视角有很大的不同。2004 年美国政府率先指出，"今天的科学和技术事业更像一个生态系统，而不是一条生产线"，并在随后的报告中正式提出了"创新生态系统"的概念，提出 21 世纪的创新生态系统应当在企业、政府、

---

① 刘涛雄等：《中国城市创新生态系统评价（2016）》，社会科学文献出版社，2016。

研究者和工人之间建立新的联系。"创新生态系统"这一概念一经提出便引发了国内外学者的广泛关注。目前，学者基于不同的研究背景，对创新生态系统提出不同的概念。马尔科·扬西蒂（Marco Iansiti）和罗伊·莱维恩（Roy Levien）基于网络视角，提出创新生态系统是企业与影响该企业创新发展的所有个人和组织等构成的开放性、松散性的网络系统。[①] 吴金希从组织的视角指出创新生态系统是指多个创新主体之间，基于某些技术、人才、市场、运作模式、文化等共同的创新要素而形成的相互依赖的组织体系。[②] 梅尔甘（Mercan）和戈塔（Gokta）基于环境视角，认为创新生态系统是经济主体、非经济主体以及它们之间的联系形成的环境，包括技术、社会关系、机构和文化。[③] 从系统的角度来看，曾国屏等认为创新生态系统是创新要素集聚，是通过价值链和网络拓展的开放系统，是创新物种、群落、创新链的复杂系统，是创新全要素资源的协调系统，是科技创新主导的演化系统，也是不断超越自我的系统。[④] 国外学者阿德纳（Adner）从功能的视角提出创新生态系统能创造出单一创新主体无法创造的价值，外部创新者的协同进化是单个创新主体成功的关键。[⑤] 李万等从多重视角提出创新生态系统是创新群落间以及其与外部环境形成的复杂、开放的共生系统。[⑥] 王莉和游竹君从知识流动的视角指出创新生态系统内由于核心企业间相互依赖、相互合作不断加深，从而形成了围绕知识流动的绩效价值创造和价值获取的创新网络结构。[⑦]

1.2.2　城市创新生态系统

　　创新生态系统的研究与"区域性"具有密切关系。在现有研究中，学者围绕国家、区域、产业、企业等层面展开了一系列的研究。专门针对城

[①] 〔美〕马尔科·扬西蒂、罗伊·莱维恩：《共赢：商业生态系统对企业战略创新和可持续性的影响》，王凤彬等译，商务印书馆，2006。

[②] 吴金希：《创新生态体系的内涵、特征及其政策含义》，《科学学研究》2014年第1期。

[③] Mercan B.，Gokta D.，"Components of Innovation Ecosystems: A Cross-country Study International-al"，*Research Journal of Finance and Economics*，2011（1）.

[④] 曾国屏、苟有钊、刘磊：《从"创新系统"到"创新生态系统"》，《科学学研究》2013年第1期。

[⑤] Adner R.，"Match Your Innovation Strategy to Your Innovation Ecosystem"，*Harvard Business Review*，2006，84（4）.

[⑥] 李万、常静、王敏杰等：《创新3.0与创新生态系统》，《科学学研究》2014年第12期。

[⑦] 王莉、游竹君：《基于知识流动的创新生态系统价值演化仿真研究》，《中国科技论坛》2019年第6期。

市的创新生态系统研究尚处于起步阶段，以理论探讨为主，少量文献以单个城市为例展开了案例研究。城市是创新生态系统的基本组成单元，城市创新生态系统是促进城市创新发展的特定土壤和环境，是城市人才、信息、产业、政策、金融、设施等创新要素聚集和扩散的集合。隋映辉认为城市创新生态系统具有自组织性，是城市创新与科技产业的集合。[1] 胡彪和付业腾使用协调发展度测量模型对天津创新生态系统的协调水平进行了测量和评价。[2] 张永凯和韩梦怡认为城市创新生态系统是由城市创新主体、创新资源和创新环境构成的相互作用的有机整体，并基于这一概念构建了相应的指标体系，对北京和上海进行了对比。结果表明，北京的创新生态系统整体优于上海。[3] 张仁开以上海为例，构建了城市创新生态系统演化成熟度的评价指标体系，从创新物种、创新网络、创新功能三个方面对其演化状况进行了综合测度。[4] 万立军等从可持续发展理论和生态学理论出发，构建了资源型城市技术创新生态系统的评价体系框架，并对黑龙江省8个资源型城市进行了评价分析。[5] 赵程程和秦佳文通过对美国的创新生态系统发展状况和政府行为进行分析，对上海市创新生态系统的建设与发展提出了政策建议。[6] 薛楠和齐严构建了雄安新区的创新生态系统，指出雄安新区要着力打造领军企业 - 创业企业、高校/科研机构 - 企业、风险投资/金融机构 - 企业三大创新生态链，促进各主体之间的角色互换，促进创新要素自由流动和协同发展。[7]

1.2.3　创新生态系统评价研究

近几年有关创新生态系统的评价研究逐渐成为学术界研究的热点，已有文献主要围绕效率、健康、智慧、生态位、适宜度、创新绩效、成长能

---

[1]　隋映辉：《城市创新圈：战略构建及其思路》，《高科技与产业化》2004 年第 10 期。

[2]　胡彪、付业腾：《天津市创新生态系统协调发展水平测度与评价》，《价值工程》2015 年第 32 期。

[3]　张永凯、韩梦怡：《城市创新生态系统对比分析：北京与上海》，《开发研究》2018 年第 4 期。

[4]　张仁开：《上海创新生态系统演化研究：基于要素·关系·功能的三维视阈》，博士学位论文，华东师范大学，2016。

[5]　万立军、罗廷、于天军等：《资源型城市技术创新生态系统评价研究》，《科学管理研究》2016 年第 3 期。

[6]　赵程程、秦佳文：《美国创新生态系统发展特征及启示》，《世界地理研究》2017 年第 2 期。

[7]　薛楠、齐严：《雄安新区创新生态系统构建》，《中国流通经济》2019 年第 7 期。

力、风险等方面展开。雷雨嫣等利用创新生态系统适宜度模型评价了高科技产业创新生态系统的演化结果。[1] 孙丽文和李跃对京津冀地区的生态位适宜度进行了评价，研究发现北京的生态位适宜度远高于天津与河北。[2] 李洋以 40 家互联网企业作为研究对象，采用因子分析法评估了创新生态系统的健康性，并描述了企业的创新效率。[3] 周大铭构建了企业技术创新生态系统运行的风险评价指标体系，对企业融合风险、机会主义风险、核心资源流失风险、外部环境风险以及创新单元风险的具体指标进行参评，并应用 BP 神经网络法进行了实证研究。[4] 韩英利用生态位模型评价了 2007～2016 年 30 个省市区域创新生态系统适宜度的情况。[5] 孔伟等对 2016 年中国区域创新生态系统的竞争力进行了评价，研究发现江苏、广东、北京的竞争力排名前三，东部省份是创新生态系统竞争力最强的地区，研究还发现各区域创新生态系统的系统结构、系统要素竞争力的差距小于系统环境、系统功能竞争力方面的差距。[6] 李晓娣和张小燕采用共生度模型实证检验了 2007～2015 年我国 30 个省市区域创新生态系统共生水平、共生进化动量和态势。[7] 国外学者齐加里斯（Zygiaris）指出智慧城市是一种创新生态系统，并用绿色、互联、开放、智能、创新等层次构建了智慧城市的创新生态系统。[8]

由此可见，目前关于城市创新生态系统的评价研究仍然较少，仅有少量文献对健康性、效率进行了单独评价，关于创新生态系统智慧性的研究还停留在理论阶段，缺乏针对性的指标体系构建。随着城市化进程的加快，

---

① 雷雨嫣、陈关聚、刘启雷：《高技术产业创新生态系统的创新生态位适宜度及演化》，《系统工程》2018 年第 2 期。

② 孙丽文、李跃：《京津冀区域创新生态系统生态位适宜度评价》，《科技进步与对策》2017 年第 4 期。

③ 李洋：《互联网企业创新生态系统运行及评价研究》，硕士学位论文，陕西师范大学，2018。

④ 周大铭：《企业技术创新生态系统运行风险评价研究》，《科技管理研究》2014 年第 8 期。

⑤ 韩英：《基于生态位模型的中国区域创新生态系统适宜度的评价研究》，硕士学位论文，内蒙古财经大学，2018。

⑥ 孔伟、张贵、李涛：《中国区域创新生态系统的竞争力评价与实证研究》，《科技管理研究》2019 年第 4 期。

⑦ 李晓娣、张小燕：《我国区域创新生态系统共生及其进化研究——基于共生度模型、融合速度特征进化动量模型的实证分析》，《科学学与科学技术管理》2019 年第 4 期。

⑧ Zygiaris S. , "Smart City Reference Model: Assisting Planners to Conceptualize the Building of Smart City Innovation Ecosystems", *Journal of the Knowledge Economy*, 2013, 4 (2).

城市创新生态系统也逐渐出现了新特征。本书拟在上一版城市创新生态系统评价研究的基础上，综合考虑城市创新生态系统中效率、健康性、智慧性三个重要因素，基于指标体系的构建，对全国 35 个大中型样本城市的测算结果进行综合评价和比较分析，从而探寻城市创新生态系统发展的现状、差别及特征。

1.2.4 研究框架

本书在《中国城市创新生态系统评价（2016）》的基础上，进一步构建了城市创新生态系统评价的"三模型"，在原有的"创新生态系统效率评价模型"和"创新生态系统健康性评价模型"基础上增加了"创新生态系统智慧性模型"。其中，效率评价模型保持原有的创新投入、创新过程与创新产出三个维度；健康性评价模型保持原有的创新驱动力、创新组织力、创新资源潜力三个维度，重点考察城市创新生态系统的可持续性；智慧性评价模型从智慧载体、智慧交互能力两个维度，系统评估城市创新生态系统中的智慧性程度。研究框架如图 1.1 所示。

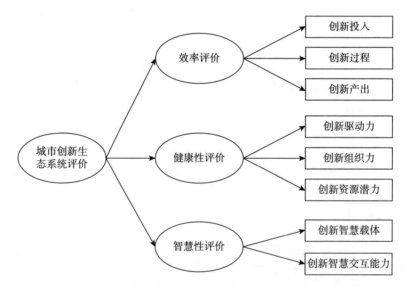

图 1.1 城市创新生态系统评价研究框架

1.3 研究贡献

1.3.1 首次对城市创新生态系统"智慧性"进行评价

随着城镇化建设步伐的不断加快，环境污染、交通拥堵、能源紧缺、住房不足等"城市病"成为困扰各个城市建设和管理的首要难题。智慧城市建设是解决上述难题的重要途径，通过综合采用物联网技术、射频传感技术、云计算技术、下一代通信技术在内的新一代信息技术，城市各主体更易于实现互联与融合，从而有效缓解交通拥堵，减少环境污染，提高能源利用率，最终实现城市的可持续创新发展。因此，智慧性是新时代下城市创新生态系统顺利运行的基础和底层逻辑，体现了城市创新生态系统的自主运行能力、智能能力、智慧交互能力，是城市创新生态系统建设与发展不可忽视的新特征。基于此，本书在注重城市创新生态系统效率和健康性的同时，首次提出了"城市创新生态系统的智慧性"概念，并且从智慧载体、智慧交互能力的视角构建了智慧性的指标体系，系统分析了各城市创新生态系统中智慧性指数的排名情况。

1.3.2 探索了城市群在城市创新生态系统中发挥的"集聚效应"

本书在城市创新生态系统评价的基础上，创新性地对城市群的创新生态系统进行了评价，重点分析了城市群创新生态系统的"集聚效应"。当前，我国社会经济发展到新阶段，城市群正成为全球竞争与合作的主要载体，也是拓展国民经济发展空间、助力发展动能转换的重要空间载体。同时，城市群是城市发展到成熟阶段的最高空间组织形式，群内城市间实现了创新资源、信息、知识、人才的自由流动，对于城市的创新发展发挥着不可忽视的作用。因此，研究城市群创新生态系统的运行机理与特征，并对我国主要城市群的创新生态系统进行评估，将有助于我们从城市群"集聚效应"视角，进一步理解不同城市创新生态系统出现差异化评价结果的原因，从而对各个城市创新生态系统的建设与发展提供理论与实践指导。

1.3.3 采用了多元的指标评价方法

在指标评价方法上，本书针对不同指标的特征采用了不同的指标评价方法。关于创新效率和健康性的评价采用了德尔菲法，关于智慧性的评价采用了熵值法进行权重计算，关于城市群创新生态系统的评价，从耦合协调度和互补性两个方面进行了计算，以判断城市群整体上是否达到了"1+1>2"的效果。多元化的评价方法将能更准确地评估创新生态系统各指标评价结果，有助于深化我们对于城市创新生态系统的理解，保障本研究结果更具有实践指导性。

1.3.4 丰富了城市创新数据库

本书广泛利用统计年鉴、研究报告、商业性数据库等多渠道来源，在上一版的基础上广泛搜集 2018 年度城市创新生态系统各类指标的相关数据，进一步丰富了本研究已搭建的城市创新数据库。在数据收集过程中，本书充分利用大数据等新型数据获取方法，系统整合不同部门发布的城市创新相关数据，拓展创新生态系统各项指标的数据获取途径，多方位对城市创新生态系统进行评价。例如，衡量城市创新生态系统智慧交互能力指标时，我们通过百度搜索"知乎网、知乎日报"指数整体日均值来体现；衡量创新效率的指标时，我们通过"猎聘网"2018 年的 30 万个应聘信息整理、统计得出本科及以上求职人员的平均期望薪酬。这些数据实时、动态地反映了城市创新生态系统各项指标的具体情况。本研究所建立的城市创新数据库，为政府管理者、企业管理者、学者等众多用户后续展开城市创新相关的研究和分析提供了丰富的数据基础。

1.3.5 首次纵向对比了各指标排名的变化

本书首次将 2016 年和 2018 年的城市创新生态系统效率和健康性的指标进行了对比分析。研究结果有助于我们全面了解各个城市创新生态系统的发展水平、动态变化特征，更好地分析当前城市自身创新发展过程中存在的优势和薄弱点，从而有针对性地实施差异化发展战略，全面提升城市的创新生态系统水平。

1.4 使用群体

本书的读者对象包括创新研究者、政府管理者、企业管理者以及对城市创新感兴趣的社会各界人士。本书在上一版的基础上创新性地提出了效率、健康性、智慧性的城市创新生态系统评价模型，尽管各评价指标可能不够系统和完备，但期望能够对关注城市创新生态系统发展的学者有所启发，进而使他们围绕这一课题展开更为深入的探索和研究。本书的研究结果将有助于政府管理者发现城市创新生态系统发展的优势和劣势，对照相关指标制定更有针对性的政策方案，推动和完善城市创新生态系统的建设。企业管理者通过本书的理论模型、指标体系和数据结果，可以进一步了解各城市创新生态系统的特征和现状，从而为管理者经营决策提供有益的参考。囿于新的理念不够成熟，一些指标缺少充实的数据支撑，本书还存在诸多不足之处。十分希望广大读者能够与我们进行即时的互动交流，为本研究的进一步开展提供宝贵意见。

1.5　章节安排

本书包括绪论部分总共十章内容，具体内容如下。

第一章绪论。梳理本书的研究背景、文献综述、研究贡献等，并列出本书的整体框架和章节安排。

第二章创新生态系统的评价体系设计。该章重点论述城市创新生态系统的构成，从效率评价、健康性评价、智慧性评价三个方面构建城市创新生态系统的评价体系。

第三章指标构建与评价方法。本章具体论述了城市创新生态系统的效率、健康性、智慧性的具体评价方法及指标构建说明。效率评价模型包含创新投入、创新过程及创新产出三个维度；健康性评价模型包含创新驱动力、创新组织力和创新资源潜力三个维度；智慧性评价模型包含智慧载体、智慧交互能力两个维度。

第四章数据与结果。本章系统论述了数据采集情况，创新生态系统效率、健康性和智慧性评价的总体排名，并对总体排名结果进行总结和讨论。

第五章城市创新生态系统：效率。本章主要对效率指数及其分指标的排名情况进行分析。首先，讨论了综合效率、技术效率、规模效率、规模报酬等指标；随后，进一步分析创新投入、创新过程、创新产出各分指标排名前10城市的具体情况，并对比上一版排名情况，分析变动原因。

第六章城市创新生态系统：健康性。本章主要对健康性指数及其分指标的排名情况进行分析。分别对创新驱动力、创新组织力、创新资源潜力

第一章 绪 论

三项分指标排名前 10 的城市进行统计分析，并对比上一版排名情况，进而全面了解各个城市健康性发展情况。

第七章城市创新生态系统：智慧性。本章主要对智慧性指数及其分指标的排名情况进行分析和总结。分别对智慧载体、智慧交互能力两项分指标中排名前 10 的城市进行统计分析和讨论，对不同城市的创新生态系统智慧性得分结果进行全面系统的认识。

第八章典型城市创新生态系统分析。根据城市创新生态系统的效率、健康性、智慧性的排名结果，遴选出 4 个主要城市进行重点分析和讨论，这 4 个城市是西安、广州、武汉、哈尔滨。

第九章年度观点：创新生态系统中的城市群集聚效应。本章对城市群在城市创新生态系统中的作用进行了研究，认为在城市创新生态系统中，城市群应发挥聚集效应，各城市群集聚方式各有特色。

第十章总结与政策建议。在上述研究的基础上，结合指标排名情况进行总结，为进一步提升城市创新生态系统效率、健康性和智慧性提供相应的政策建议。

第二章 创新生态系统的评价体系设计

基于国内外文献回顾与创新理论脉络梳理，本章设计了 2020 年版城市创新生态系统的评价。在建立评价体系时遵循系统性原则、代表性原则、客观性原则、可操作性原则，以充分反映城市创新生态系统的发展水平。为了便于纵向对比各个城市创新生态系统的动态变化特征，本书的创新效率和健康性指标体系基本沿用了上一版本的框架。此外，随着新一代信息技术的迅速发展，智慧性成为城市创新生态系统顺利运行的基础，是城市创新生态系统评价体系不可忽视的新特征。创新效率、健康性、智慧性三个方面构成了"评价闭环"，能够全面、完整地呈现城市创新生态系统的演化和成长。基于上述考虑，本书创新性地引入智慧性这一指标，并从智慧载体、智慧交互能力两个维度构架了智慧性的评价体系。其中，智慧载体的评价包含人才储备（人）和智慧设施（物）两个测量要素，智慧交互能力的评价包含知识转化推动力、交互活跃度、交互量、交互速率四个要素。

2.1　城市创新生态系统效率评价

对于创新效率的评价大都量化投入与产出之间的比例关系，投入少、产出大则说明创新效率较高。本书解构创新生态系统效率也参考传统的经济理论方法，首先考虑创新投入与创新产出，但是通过研究发现，传统的评价创新系统效率的研究过于静态，忽略了从投入到产出之间的中间过程研究，无法反映出生态系统的特性，导致投入和产出指标不能令人信服地解释创新、增长和生产力的发展趋势。与一般创新系统相比，创新生态系统更强调通过一定的创新组织结构以及种群物种互动实现创新生态系统的变化，从而孕育出创新①，我们将这种特征总结为动态的转化机制。因此，评价创新生态系统效率时，我们除了考虑创新投入、创新产出外，还加入对创新动态转化机制的评价。动态转化机制能够调节投入和产出的效率，同样的创新投入，如果动态转化机制合理，则会产出更多的创新成果。反之亦然。我们将这种动态转化机制定义为创新过程，具体如图2.1所示。

图 2.1　城市创新生态系统的创新过程

我们认为，城市创新生态系统符合一般创新生态系统的运作规律，即包括城市的创新投入、城市的创新过程、城市的创新产出三个部分。城市创新第一个环节是资源的投入，每个城市的资源不同，创新投入各有差异；如何通过各类转化机制运营这些资源是城市创新生态系统的第二个环节；第三个环节是各个城市通过一定的运作机制调节实现创新投入的产出最大化。关于创新投入、创新过程、创新产出的具体解构如下。

2.1.1　创新投入

创新生态系统中的投入变量是非常重要且最基础的指标。创新生态系统主要由创新群落（包括核心群落和辅助群落）和创新环境两部分构成。其中创新群落组成的基本要素是物种（如大学、企业、研究院所、政府等），物种联结形成了各种群落，物种和群落在共生竞合的相互作用中动态演化，并形成系统整体演化。创新物种的多样性是一个创新生态系统保持旺盛生命力的重要基础，是创新持续迸发的基本前提。人力资本是城市创新中的重要因素，是技术创新的决定性因素。拥有一定知识、技术和能力的人力资本是促进地区创新的重要条件，也是促进基础研究、发明创造和制度创新的重要力量。创新物种通过知识、技术、资本等环境为主要纽带，形成了复杂的系统网络，在竞争与合作中不断演化发展。创新投入的多样共生的特征意味着创新主体与创新环境之间需要进行频繁的试错与应答，创新投入的多样性要求创新生

---

① 曾国屏、苟有钊、刘磊：《从"创新系统"到"创新生态系统"》，《科学学研究》2013年第1期。

第二章　创新生态系统的评价体系设计

态系统应容纳尽可能多的"创新基因库"，而竞争性合作共生则在一定程度上助推系统实现最适宜的多样性程度。此外，创新的辅助主体包括：孵化器、金融机构、中介机构，它们是创新的助推者。

国内众多创新研究报告也都对创新投入进行了解释。如国家统计局统计科学研究所的《创新城市评判指标》报告中包括创新资源、创新企业、创新产业；科技部创新型城市建设的《检测评判指标》报告中包括创新企业、创新环境等；创新型国家建设报告课题组提出的《创新型城市评判指标》报告中包括人才投入、资金投入、机构投入、技术设施等；国家创新体系建设战略研究组提出的《创新型城市评判指标》报告中加入的指标有：科教投入、人力投入等。虽然关于创新的系列报告中创新投入的指标在设计和内容上以及二三级指标的选取上差异较大，但它们都试图去反映城市在创新投入方面的具体情况。

比较不同学者对创新生态系统的研究，我们发现创新投入确实是城市发展的主要驱动力，创新投入主要包括创新要素（人、财、物等）投入、创新主体（产学研政）投入、中介机构等。

2.1.2　创新过程

在评价城市创新生态系统时，除了将投入和产出作为必要的评价指标外，还包括从投入到产出的中间环节，即所谓的动态转化机制。它是评价城市创新效率的重要指标，反映了一个城市创新发展的动态性和系统性。创新是个系统工程，各个环节相互支撑、互相影响、环环相扣，决定着城市创新的总结果和总效益。创新生态系统通过信息流、能量流、人力流动态运转，实现内部创新要素与创新环境之间的信息、能量、人力交换，维持系统动态性和稳态。其中，物质流包括：人力资本、实物资本等；能量流包括：金融资本、知识资本；信息流包括市场信息和政策等。

吕一博、苏敬勤研究发现，仅仅对地区进行"投入—产出"式的不同效率对比，往往会导致不同的城市创新结构和发展，最终导致创新结果的不均衡性。而如果加入过程要素，从"投入—过程—产出"的框架来进行效率评价，创新评价结果更为精确。[①] 寇明婷等研究指出，创新产出的

[①] 吕一博、苏敬勤：《"创新过程"视角的中小企业创新能力结构化评价研究》，《科学学与科学技术管理》2011 年第 8 期。

增加不仅依赖各种创新种群的存在以及资源和要素的投入，更需要创新过程中各种制度的动态发展互动。同样的创新投入由于不同的创新过程，创新产出相差很大，从而导致不同的创新效率结果。[①]

熊彼特曾提出金融体制是创新服务的重要组成部分，发展多层次资本市场是完善创新服务的首要目标。在全国科技创新大会上，习近平主席指出，要弘扬创新精神，培育符合创新发展要求的人才队伍。创新是一个国家和地区兴旺发达的不竭动力，而支撑和推动创新的根本是人才，因此对人才的激励是对创新最好的支持，同时，创新也会带动人才的成长。2018年5月2日，习近平主席在北京大学考察时强调：重大科技创新成果是国之重器、国之利器，必须牢牢掌握在自己手上，必须依靠自力更生、自主创新。

基于上述分析，我们认为创新过程评价应包含信息流转机制评价、融资机制评价、人才激励机制评价三个层次，每一层次下面又可包含若干细化指标。

2.1.3 创新产出

创新产出是反映一个城市创新生态系统对经济和社会的最终影响。国内外很多专家学者都对创新产出做了定义。一般研究认为，创新产出应该包括经由创新产生的经济方面的产出和智力方面的产出霍兰德斯（Hollanders）和切利凯尔艾瑟（Celikel-Esser）。[②] 经济方面的产出主要包括创新带来的就业岗位的增加、创新带来的新产品的产生、高技术产出额等；智力方面的产出包括创新产生的专利授权量、注册商标数等。关于商业生态系统的评价框架，扬西蒂和莱维恩认为创新生态系统的产出应量化为：生产力水平、创建利基市场的能力和创新系统的稳健性维度。[③] 国家统计局社科文司《中国创新指数研究（2015）》中对创新产出的测量包括：学术论文数

---

① 寇明婷、陈凯华、高霞、杨利锋：《创新型城市技术创新投资效率的测度方法研究：基于创新过程的视角》，《科研管理》2014年第6期。

② Hollanders H., Esser F. C., "Measuring Innovation Efficiency", *INNO-Metrics Thematic Paper*, 2007, https://www.researchgate.net/publication/254849625_Measuring_innovation_efficiency.

③ Iansiti M., Levien R., *The Keystone Advantage: What the New Dynamics of Business Ecosystems Mean for Strategy, Innovation and Sustainability*, Harvard Business School Press, 2004.

量、专利、商标注册量、科技活动人员构成和技术合同成交额。[①] 中国科学技术发展战略研究院发布的《国家创新指数报告 2018》认为创新产出的衡量标准为：创新劳动生产率、单位能源消耗的 GDP、专利授权数量、高技术产品出口占总的制造业出口的比例、知识密集型产业增加值与世界间的比例。[②]

一些实证论文，用指标量化创新产出。归纳之后发现，常见的测量指标分成两种。一是以专利申请以及授权量来衡量创新产出的结果。典型的代表性文章是昂（Ang）[③]、科特姆（Kortum）和勒纳（Lerner）[④] 的研究中直接用专利数量作为创新产出的测量变量。恩格尔（Engel）和凯尔巴赫（Keilbach）的研究同样是以专利数量来判断创新产出的情况。研究结果认为企业获得风险资本投资后拥有更高的创新成长率，但是创新产出并没有表现出明显的差异。二是以科技进步率直接作为创新产出的变量。[⑤] 典型的代表性文章有：唐（Tang）和齐（Chyi）[⑥]、罗曼（Romain）和范波特博格（Van Pottelsberghe）[⑦] 以及韩（Han）等[⑧]的研究，都是将科技进步率作为量化创新产出的指标。

通过梳理相关研究以及比较创新生态系统和商业生态系统的不同，本书认为城市创新生态系统的产出中最重要的是考虑创新生态系统的演化繁殖力，即创建利基市场的能力，也就是城市能否让更多的小企业找到生存空间的能力。基于上述分析，我们将创新的经济产出和智力方面产出合并

---

① 国家统计局社科文司"中国创新指数（CII）研究"课题组：《中国创新指数研究（2015）》，《统计研究》2014 年第 11 期。

② 中国科学技术发展战略研究院：《国家创新指数报告 2018》，2019。

③ Ang J. B., "Research, Technological Change and Financial Liberalization in South Korea", *Journal of Macroeconomics*, 2010, 32 (1).

④ Kortum S., Lerner J., "Assessing the Contribution of Venture Capital to Innovation", *Rand Journal of Economics*, 2000.

⑤ Engel D., Keilbach M., "Firm-level Implications of Early Stage Venture Capital Investment-An Empirical Investigation", *Journal of Empirical Finance*, 2007, 14 (2).

⑥ Tang M. C., Chyi Y. L., "Law Environments, Venture Capital and the Total Factor Productivity Growth of Taiwan Manufacturing Industry", *National Tsinghua University*, *NTHU Working Paper*, 2005.

⑦ Romain A., Van Pottelsberghe B., "The Economic Impact of Venture Capital", *Bundesbank Series 1 Discussion Paper No*, 2004, 18.

⑧ Han G., Kalirajan K., Singh N., "Productivity and Economic Growth in East Asia: Innovation, Efficiency and Accumulation", *Japan & the World Economy*, 2002, 14 (4).

为创新系统的生产力水平，将系统的演化繁殖能力总结为创新生态系统创建利基市场的能力。

城市创新生态系统效率评价研究框架如图2.2所示。

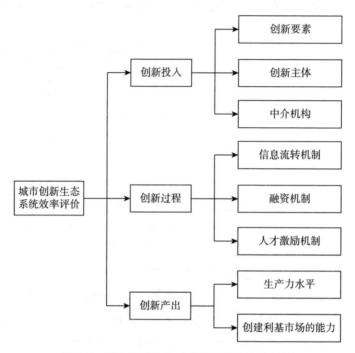

图 2.2　城市创新生态系统效率评价研究框架

2.2　城市创新生态系统健康性评价

一个运行健康并且不断进化的创新生态系统，是一个国家或地区保持创新活力和竞争优势的关键决定因素。创新生态系统的健康性的概念往往借鉴了生物系统健康性的概念。例如，奥多姆（Odum）将生态系统视为一个有机整体，认为生态系统的健康性依赖于两方面的因素，即生态系统的恢复能力和保持稳定性的能力。[①] 拉波特（Rapport）将生态系统的健康性定

---

① Eugene P. , Odum, "The Strategy of Ecosystem Development", *Science*, 1969, 164 (3877).

义为三种能力：系统活力、组织结构以及恢复能力。[1] 类似的，创新生态系统是否健康，也取决于系统的稳定性、弹性（恢复能力）、结构是否合理、活力等特征。扬西蒂和莱维恩将创新生态系统健康作为度量企业创新生态系统治理绩效的代表，用活力、生产力以及补缺创造力作为度量创新生态系统健康性的关键指标。[2] 哈提格（Hartigh ed.）将创新生态系统健康定义为"系统或特定物种状态"，将创新生态系统健康区分为企业层面的健康性和整个创新生态系统层面的健康性。[3]

相对稳定的结构对于一个创新生态系统来说具有重要作用。在结构稳定的情况下，创新生态系统中包含的各类主体的数量、创新能力和创新效率等变量都将比较稳定，上述变量的稳定状态对于各个主体之间的相互作用以及创新主体与创新环境之间的健康互动提供了重要基础。[4] 在上述过程中，政府可以发挥重要作用。例如，出台各种创新政策，一方面鼓励各种创新活动，为创新主体获取、积累创新资源和要素提供必要支持，另一方面为各类创新主体提供稳定的预期，进而保持系统的相对稳定性。

创新生态系统的稳定是相对的，因为进化是在不断进行的。换句话说，创新生态系统具有自我扩张的倾向，经过一段时间的稳定期（主要是创新初期）之后，创新生态系统逐渐在创新链和知识链上产生了一定的壁垒，具备了扩张的基础和能力。[5] 在这一阶段中，创新生态系统开始展现出引力特点，各种创新要素和主体逐渐被吸引到系统中来。同时各个主体之间的相互作用的频率和强度也逐渐增加，创新生态系统开始表现出更高的创新效率，创新要素的流动开始加快，周期逐步缩短。此外，当一个创新系统的吸引力逐渐增强时，其不仅会吸引到越来越多的要素，甚至可能会将其他创新生态系统内的企业吸收到自己的系统内，成为系统内创新链条的某

[1] Rapport D. J., "What Constitutes Ecosystem Health?", *Perspectives in Biology and Medicine*, 1989, 33 (1).

[2] Iansiti M., Levien R., *The Keystone Advantage: What the New Dynamics of Business Ecosystems Mean for Strategy, Innovation and Sustainability*, Harvard Busines Press, 2004.

[3] Hartigh D., Van E., Asseldonk T., "Busines Ecosystems: A Research Framework for Investigating the Relation between Network Structure Firm Strategy, and the Pattern of Innovation Diffusion", *In ECCON 2004 Annual Meeting: Co-jumping on A Trampoline*, The Netherlands, 2013.

[4] 苗红、黄鲁成：《区域技术创新生态系统健康评价初探》，《科技管理研究》2007 年第 11 期。

[5] 陈兵：《创新要素的生态化配置研究》，《社会科学论坛》2007 年第 4 期。

个环节。[①]

2.2.1　创新驱动力

创新生态系统的驱动力是整个系统健康发展的起点，也是创新生态系统不断演化的不竭源泉。从创新驱动力的来源看，我们可以将其分为外生动力和内生动力两部分。外生动力包括各类要素的存量和流量，例如技术进步等，也包括各类政策驱动因素。外生动力是促进创新生态系统健康、可持续发展的重要因素，但这类因素往往具有较高的不确定性，例如科学技术突破出现的时间，政策变化的频率等。相比之下，内生驱动力才是保持创新生态系统健康、可持续发展的根本。无论是企业家精神，还是市场竞争，都是创新生态系统的内生性力量，是关键性驱动力，是自我维持机制。拉波特（Rapport）和怀特福德（Whitford）认为，当生态系统面临一定的胁迫因素影响时，整个系统的可持续发展，即生态系统随时间的推移保持活力并且维持较高组织程度及自主性即使受到一定的影响，也容易恢复。也就是说，对竞争的应对能力、对压力的弹性，是评价系统可持续发展的重要指标。[②] 康斯德提扎等（Constatiza ed.）认为，一个可持续的生态系统不仅具有稳定的特征，同时为了保持一定的活力和自我运作能力，当系统面临外界压力时，必须具备一定的弹性。[③] 针对技术创新系统的可持续性问题，苗红根据区域技术创新生态系统健康评价标准，从系统的自组织健康程度、系统的整体功能、系统的外部胁迫三个维度构建了区域技术创新生态系统评价指标体系。[④]

2.2.2　创新组织力

创新生态系统具有一定的组织性。创新生态系统中的每个要素的作用大小不同，但都可能影响整个生态系统的发展，也就是说，各个要素的存在以及相互作用可以提高整个系统应对变化的能力，在良好的组织体系下，

[①] 张贵、程林林、郎玮：《基于突变算法的高技术产业创新生态系统健康性实证研究》，《科技管理研究》2018 年第 3 期。

[②] Rapport D. J, Whitford W. G., "How Ecosystems Respond To Stress: Common Properties of Arid and Aquatic Systems", *BioScience*, 1989, 49 (3).

[③] Costanza R., D'Arge R., Groot R. D., et al., "The Value of Ecosystem Services: Putting the Issues in Perspective", *Ecological Economics*, 1998, 25 (1).

[④] 苗红：《区域技术创新生态系统协调性评价研究》，博士学位论文，北京工业大学，2007。

各个主体可以获得自由流动的空间，有利于整个系统的良性发展和进化。[①] 陈辉认为，一个良好的企业创新生态系统本质上就是一个适合企业发展的组织网络，在这个网络中，不仅要具备营养供给机制——系统发展的基础条件，也要具备网络依存机制和资源竞争机制。[②] 而依存和竞争在一定程度上是相反的力量，依存度较高将提高整个系统的组织性，而竞争则可能破坏系统的组织性。但二者对于系统的健康发展来说缺一不可，依存可以确保系统不至于走向崩溃，而竞争则可以让系统保持演化和创新的动力。这就对创新生态系统的组织能力提出了较高的要求，良好的组织能力可以使依存和竞争两种力量实现和谐发展，使创新生态系统既保持一定水平的稳定，同时又保持必要的活力。

2.2.3 创新资源潜力

资源的持续、充足供给是创新生态体系存在和发展的基础。对于自然生态系统而言，为了实现整个系统的可持续发展，必须保持生态系统的相对完整性，而这就要求各种必要资源必须能够实现持续、充足供给。宋敏和许长新对高新技术企业生态系统及其静态和动态特征进行了分析，并提出了高新技术产业可持续发展生态系统的四个条件：催化剂、营养供给、支撑性环境和相互依存网络。[③] 对于创新生态系统而言，其对资源的需求具有如下特点：（1）资源类型多种多样。既需要"硬资源"，例如资本资源、人力资源、基础设施条件等，也需要"软资源"，例如良好的法治环境、稳定的投资预期等。（2）不同发展阶段不同资源的重要性存在差异。在创新生态系统发展初期，各类"硬资源"的相对作用较大，但随着"硬资源"条件逐渐完善，"软资源"的地位逐渐提高。缺乏必要的"硬资源"，"软资源"便没有发挥作用的舞台，而"软资源"的不足也将使整个系统的可持续发展面临挑战。

城市创新生态系统健康性评价的研究框架如图2.3所示。

---

① 陈兵：《创新要素的生态化配置研究》，《社会科学论坛》2007年第4期。
② 陈辉：《高新技术企业生态系统的运行机制研究》，博士学位论文，西北大学，2006。
③ 宋敏、许长新：《创建高新技术产业可持续发展生态系统的探讨》，《科技与经济》2003年第5期。

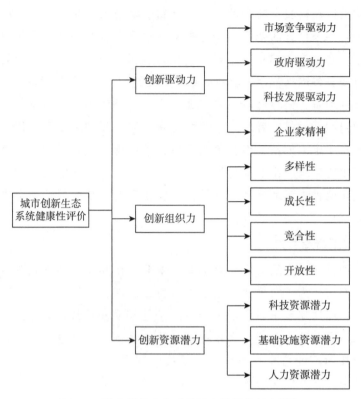

图 2.3　城市创新生态系统健康性评价研究框架

2.3　城市创新生态系统智慧性评价

目前，学术上还缺少从智慧角度对创新生态系统进行评价的研究。有两个相关概念是同时涉及智慧和创新生态系统的，一个是智慧城市战略，另一个是智慧专业化战略。

作为互联网技术及服务持续开放和用户驱动的创新环境，智慧城市建立在城市创新生态系统、开放式创新生态系统、互联网共同构成的三角结构之上。① 智慧城市战略的核心是利用物联网、大数据、云计算、移动互联

① Schaffers H., Komninos N., Pallot M., Aguas M., et al., "Smart Cities as Innovation Ecosystems Sustained by the Future Internet", *Technical Report*, 2012. https://www.researchgate.net/publication/278629200_Smart_Cities_as_Innovation_Ecosystems_sustained_by_the_Future_Internet.

网等新一代信息技术改变政府、企业和人们的交互方式，对于民生、环保、公共安全、城市服务、商业活动等各种需求做出快速智能的响应，提高城市整体运行效率，鼓励政府、企业和个人在智慧基础设施上进行科技和业务的创新应用，为城市发展提供动力。[①] 齐加里斯将智慧城市看作是一种创新生态系统，并将所有智慧城市概念组合成绿色、互联、开放、智能和创新等若干层次，构成"智能城市参考模型"的规划框架。[②] 智慧城市的建设有利于区域创新生态系统的建立[③]，更有利于在知识社会环境中实现以用户创新、开放创新、大众创新、协同创新为特征的可持续创新。

智慧专业化（smart specialization）是基于已有的创新生态系统理论框架设计的。[④] 该概念是由欧盟委员会的知识经济增长专家咨询小组于 2008 年提出，指的是区域经济产业和创新发展的框架，旨在阐述公共政策、制度条件，尤其是研发和创新投资政策对区域经济、科学和技术专业化发展的影响，进而为区域生产力和竞争力的提升，以及区域经济增长提供发展路径。[⑤][⑥]

与以上两个研究方向和内容不同，本书将突破已有的对创新生态系统的评价视角，从智慧性出发对城市创新生态系统进行指标体系的搭建与评价。

2.3.1　智慧载体

智慧作为一个甚是古老的概念，国内外哲学、宗教、心理学等众多学科领域都对其内涵进行过尤为深刻的探索。其中，《辞海》中"智"的意思主要有：聪明；智慧，智谋；通"知"，即知道。"慧"的意思主要有：智

---

① 刘钒、吴晓烨：《国外创新生态系统的研究进展与理论反思》，《自然辩证法研究》2017 年第 11 期。

② Zygiaris S.，"Smart City Reference Model：Assisting Planners to Conceptualize the Building of Smart City Innovation Ecosystems"，*Journal of the Knowledge Economy*，2013，4（2）.

③ Oh D. S.，Phillips F.，Park S.，et al.，"Innovation Ecosystems：A Critical Examination"，*Technovation*，2016，54（2）.

④ 刘钒、吴晓烨：《国外创新生态系统的研究进展与理论反思》，《自然辩证法研究》2017 年第 11 期。

⑤ Mccann P.，Ortega-Argilés R.，"Smart Specialisation，Entrepreneurship and SMEs：Issues and Challenges for A Results-oriented EU Regional Policy"，*Small Business Economics*，2016，46（4）.

⑥ 沈婕、钟书华：《智慧专业化：区域创新战略的理性选择》，《科技管理研究》2017 年第 23 期。

慧，聪明；狡黠。"智慧"主要是指人对事物能认识、辨析、判断处理和发明创造的能力，犹言才智、智谋。在《新华词典》中，智慧是指从实践中得来的聪明才干，类似于智力。在梁实秋主编的《远东英汉大辞典》中，智慧的含义包括：睿智；明智的行为，明智的言语；知识，学识。《新英汉词典》对智慧的解释是：才智，明智；知识，学问，常识；（古人的）名言，教训；贤人，哲士。《牛津高阶英汉双解词典》对智慧的解释是：（在做决定或判断时表现出的）经验和知识；正确的判断，明智，常识等。①

佛教智慧观的核心是"转识成智"，即转舍有漏之八识，转得无漏之四智。冯契则从认识论角度阐释了"转识成智"，即认为人的认识就是从无知到有知、知识到智慧的辩证发展过程。②《旧约》中记载，"敬畏耶和华是智慧的开端"（The fear of the Lord is the beginning of wisdom），是世俗人生经验的积累和总结。③

哲学一词源于古希腊文的"philosophia"，本即"爱智慧"的意思。在古汉语中，"知"与"智"相通，两者都有指一个人既有知识又有智慧的意思，中国传统文化蕴含有"知而获智"的智慧观，即一个人只要不断地积累知识，并将之作恰当的创造性转换，就能通过"变知识为智慧"的途径而逐渐获得智慧。④

在心理学领域，以"智慧"为主题的研究出现在 20 世纪初，最早提到智慧这一概念的心理学家是斯坦利霍尔（G. Stanley Hall），他将智慧看作个人发展和人类发展的理想目标。⑤ 该领域的"智慧平衡理论"和"柏林智慧理论"对智慧有着不同的解读，但都以一定智力水平为基础，强调智慧的实践性和可操作性，不仅体现认知能力，还具有道德约束。⑥ 智慧平衡理论（Balance Theory of Wisdom）将智慧视为平衡不同的利益、反应或目标的成功智力，认为有智慧的人通常会在价值观的调节下，运用缄默知识（tacit

---

① 转引自靖国平《论智慧的涵义及其特征》，《湖南师范大学教育科学学报》2004 年第 2 期。

② 冯契：《智慧的探索——〈智慧说三篇〉导论》，《学术月刊》1995 年第 6 期。

③ 杨建：《〈圣经〉智慧观嬗变研究》，《外国文学研究》2018 年第 4 期。

④ 汪凤炎、郑红：《"知而获智"观：一种经典的中式智慧观》，《南京师大学报》（社会科学版）2009 年第 4 期。

⑤ 谷传华：《智慧的外显理论和内隐理论》，《山东师范大学学报》（人文社会科学版）2014 年第 1 期。

⑥ 王翠艳：《当代西方心理学的智慧观》，《淮北师范大学学报》（哲学社会科学版）2012 年第 4 期。

knowledge）（即在生活中获得的、不需明说而被实际应用的知识，如关于处世规则的知识），平衡多方面的利益（包括个人的、人际的以及个人之外的利益），适应、塑造或选择环境，以实现人们的共同利益。[1] 而柏林智慧理论中的智慧被视为实用型智力（主要是个人拥有的社会文化知识和经验）的一种高级形式、一个与生活事务有关的专门知识体系，其中包括关于生活意义与过程的各种知识和判断，它使个体在协调自身认知与动机、获得自身卓越发展的同时，也能够兼顾他人和全人类的幸福。[2][3]

智慧的存在离不开承载载体。由以上分析可见，以往对智慧的理解多以人为主体。但近年来，在新一代信息技术的迅速推动下，能自行实现自我学习、自我更新、自我迭代等功能的类人脑发明越发普遍，人们越来越多地将智慧一词推而广之，灵活应用到人以外的穿戴设备（智慧手表）、家具（智慧家具）、社区（智慧社区）、城市（智慧城市）等的描述。由此可见，智慧的载体已经超脱了以人为主的局限，进而延展到集成了人们知识创新科技成果的实物。因此，我们将智慧载体作为一个主要的二级指标，并分别从人和物两个层面进行评价。

2.3.2　智慧交互能力

实践出真知，实践出智慧，智慧是具有实践性的，而智慧的哲学是一种行动的、实践的哲学。[4] 实践的过程本质上就是交互的过程。"交互"这一概念多被用在计算机、多媒体领域，人工智能时代信息交互技术使得人机交互成为可能，同时提高了人与人的交互效率和效果。实际上，该概念早已被引入企业创新领域的研究，现已逐步在管理学众多领域得以推广研究，且交互在价值共创理论、竞争优势研究中具有非常重要的位置。[5]

"交互"起源于1884年新黑格尔主义者海丹尔的《生命和机制》，他认

---

[1]　〔美〕罗伯特·J. 斯滕博：《智慧　智力　创造力》，王利群译，北京理工大学出版社，2007。

[2]　谷传华：《智慧的外显理论和内隐理论》，《山东师范大学学报》（人文社会科学版）2014年第1期。

[3]　Baltes P. B., Staudinger U. M., "Wisdom: A Metaheuristic (Pragmatic) to Orchestrate Mind and Virtue Toward Excellence", *American Psychologist*, 2000, 55 (1).

[4]　靖国平：《论智慧的涵义及其特征》，《湖南师范大学教育科学学报》2004年第2期。

[5]　孙璐、李力、陶福平：《信息交互能力、价值共创与竞争优势——小米公司案例研究》，《研究与发展管理》2016年第6期。

第二章　创新生态系统的评价体系设计

为环境与机体之间存在交互作用，交互性则是指事物之间交互的程度或水平。[①] 根据摩根（Morgan）的交互创新理论，创新是企业之间、企业与众科研机构、外部制度环境之间相互作用、相互影响、相互学习的多重复杂交互过程。[②] 博尔顿（Bolton）等将交互性视为个体与组织在互动沟通的过程中所呈现的双向、即时、个性化（传递个性化信息）和快速响应的程度。[③] 拉马尼（Ramani）和库玛尔（Kumar）则是从营销的视角出发提出交互导向的概念，并将其定性为用以反映企业与其个体性顾客交互并利用由此得到的信息提升企业绩效的能力。[④]

创新活动实质上是各个创新主体之间的交互作用过程[⑤]，创新网络关系则是一种交互关系。而交互能力是在合作创新网络中，企业与其他合作主体为了获取协同利益而实施的共同参与、信息共享和关系协调的能力，是创新主体成功合作获取各自所需互补性资源进而达到协同创新的重要媒介，交互能力在互补性资源和合作创新绩效之间起到中介作用。[⑥] 在此，我们将交互创新的理念引入城市创新生态系统，并将智慧交互能力作为其智慧性评价的另一个维度。

目前有些研究涉及交互质量的识别评价，许鹏程、毕强、丁梦晓等从用户、资源、服务三个主维度对知识发现系统交互质量的影响因素进行了识别分析。[⑦] 庄贵军、李苗、凌黎则构建了由交互导向、IT 技术能力、IT 人员能力和网络交互技术运用能力 4 个维度组合而成的构成性量表，用以对网络交互能力进行检验。[⑧] 孙璐、李力、陶福平以小米公司为例提出包含信息交互基础设施、信息交互人力资源和信息交互无形资源三种信息交互资源

[①] 许广永：《企业创新的交互性及结构维度》，《上海市经济管理干部学院学报》，2013 年第 11 期。

[②] Morgan K. , "The Learning Region: Institutions, Innovation and Regional Renewa", *Regional Studies*, 1997, 31 (5).

[③] Bolton R. , Saxena-Iyer S. , "Interactive Services: A Framework, Synthesis and Research Directions", *Journal of Interactive Marketing*, 2009, 23 (1).

[④] Ramani G. , Kumar V. , "Interaction Orientation and Firm Performance", *Journal of Marketing*, 2008, 72 (1).

[⑤] Rothwell R. , "Successful Industrial Innovation: Critical Factors for the 1990s", *R&D Management*, 1992, 3.

[⑥] 王丽平、何亚蓉：《互补性资源、交互能力与合作创新绩效》，《科学学研究》，2016 年第 1 期。

[⑦] 许鹏程、毕强、丁梦晓等：《基于 DEMATEL 的知识发现系统交互质量影响因素识别与分析》，《情报资料工作》2018 年第 4 期。

[⑧] 庄贵军、李苗、凌黎：《网络交互能力的量表开发与检验》，《管理学报》2015 年第 9 期。

的信息交互能力研究框架。① 在此，我们将从知识转化推动力、交互活跃度、交互量及交互速率四个维度对城市创新生态系统的智慧交互能力进行评价（见图2.4）。

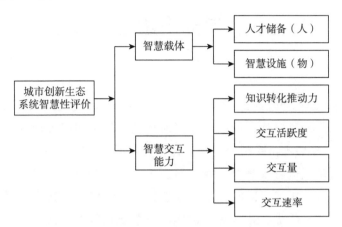

图2.4　城市创新生态系统智慧性评价研究框架

---

① 孙璐、李力、陶福平：《信息交互能力、价值共创与竞争优势——小米公司案例研究》，《研究与发展管理》2016年第6期。

第三章　指标构建与评价方法

本书从效率、健康性、智慧性三个方面对城市创新生态系统进行评价。为了评价结果的科学性、准确性和可对比性，效率和健康性的指标体系基本沿用2016年版本。受制于一些指标原始数据可获得性的变化，个别指标在上一版基础上进行了替换，替换原则为坚持指标含义相近，因此对评价结果不会有较大影响。同时，本书基于新时代下城市创新生态系统的新特征提出了智慧性指标，并从智慧载体、智慧交互能力的视角构建了系统的智慧性指标体系。在评价方法方面，本书与2016年版本基本一致，效率和健康性采用了德尔菲法确定指标权重，通过数据包络分析法（DEA）计算结果。智慧性采用熵值法确定指标权重并计算结果。

3.1　指标构建

3.1.1　城市创新生态系统效率评价指标的构建

（1）创新投入指标

城市创新生态系统评价选取创新投入作为基础指标，首先是基于投入产出的经济理论模型，其次是考虑到生态系统有生产者和分解者的理论概念。在指标选取上，一方面加入经济理论模型（投入产出研究）中资源禀赋、科技基础以及经济条件，另一方面加入自然生态系统中关于分解者的概念。在指标设计上选择了三个维度：创新要素、创新主体和中介机构。

人、财、物作为基本的创新投入是创新生态系统中最小单位。本书选取的具体指标包括：万人在校大学生数，万人国际互联网用户数，万人科技支出、人均图书拥有比例，不同地区在百度上搜索"创新创业""风险投资"的平均值。

创新主体也是衡量创新投入水平的重要指标。在指标选取上，主要从产学研政一体化的角度来量化。包括万人教育业从业人员数、高技术产业企业数和政府透明度。

中介机构也是衡量创新投入水平的重要指标。本书中中介机构被作为分解者的功能来定义，这里主要从金融和地产来量化，指标分为：私募中介机构数、租赁和商业服务业从业人员数。

（2）创新过程指标

经济合作与发展组织（OECD）报告[①]认为，创新体系的核心是科技知识在地区内部各主体间的循环流转（flows of knowledge），测度与评价创新绩效的指标包括：①企业间的相互作用（joint industry activities），主要指企业与企业间的合作研究活动等；②公私间的相互作用（linkage between the private and public research sectors），主要指企业、大学与研究机构之间的合作以及流通作用；③知识和技术的扩散（technology diffusion），不仅包括新技术的工业采用率，还包括机器设备等途径的扩散（delivery of innovation）。本书参考了OECD的测量标准，信息流转机制的细化指标包括：规模以上工业企业设立研发机构的个数、企业与科研机构之间相互科技支出之和、科研机构之间的科研支出。本书采用研究机构的数量、司法透明度和研发主体与应用主体之间的资金流量来表示信息的流通程度，企业与研发机构之间的相互支出之和用来反映企业与研发机构之间的互动关系，指标值越大，说明流转机制越活跃，创新的动态机制更强。司法透明度指标主要反映城市间的创新环境，是否能够避免对部分创新企业施加不公平的待遇，从而更好地保障公平公正的创新环境，加强信息的流通和加速信息间的流转；科研机构之间的科研支出之和用来说明科研机构之间的信息和创新的互动，互动越频繁，反映信息流转机制越发达。

在现代社会，融资机制是否通畅会很大程度地影响地区企业的创新能力。首先，科技企业不同的发展阶段会通过不同的渠道进行融资。例如，初创企业主要通过政府补贴和政策性贷款、天使投资等获得；发展中的企业主要通过抵押等方式从银行等金融机构获得贷款。所以，融资机制的衡量标准主要从银行等金融机构对企业发放贷款的增量、风险投资/私募股权

---

① OECD, The Knowledge-based Economy, Technical Report, Organization for Economic Cooperation and Development, 1996.

投资（VC/PE）的发展程度来衡量。其中，使用增量指标更能衡量出创新过程的动态性。我国实施创新发展战略，不同地区也针对创新型城市出台了相应的鼓励政策，其中创新资金的支持力度空前。因此，银行等金融机构对企业发放贷款也是创新资金来源的重要组成部分；风险资本市场的发展给创新型企业的融资提供了更多便利，风险投资/私募股权投资披露额用来反映风险资本市场的发展程度。

人才激励机制是评价创新过程的重要指标。一方面，要从人才的学历或知识对创新影响的角度来分析人才激励机制所起到的作用；另一方面是从不同地区对创新人才的重视程度来衡量。本书对人才激励机制的细化指标包括：以该城市为就业意向城市的本科及以上求职人员的数量、规模以上企业研发机构中研究人员的数量、本科及以上求职人员的期望薪酬。一个城市人才激励机制的重视程度与应聘人员去往该城市就职的意向成正比，越得到重视，相应地去往该城市求职的人员数就越多，尤其对高学历、掌握高知识的人群更是如此，因此，采用本科及以上就业人员的求职意向城市作为评价指标，一方面可以看出该城市对创新企业的数量和创业环境的重视程度，另一方面人才是创新的重要组成部分，人才越集聚说明该城市的创新潜力越大。

（3）创新产出指标

通过梳理生态系统相关文献，我们发现生产力水平是评价自然生态系统是否有效的重要指标。通过比较城市创新生态系统与自然生态系统之间的相似与差异，城市创新生态系统中，我们更关注创新生态系统的交付能力、科技进步能力以及产生的商业价值。已有的研究主要采用专利申请量来量化创新的交付能力，如夏玛（Sharma）和托马斯（Thomas）[1]、库尔曼（Cullmann ed.）[2]、关（Guan）和陈（Chen）[3]、卡拉亚尼斯（Carayannis，

---

[1]　Sharma S. , Thomas V. , "Inter-country R&D Efficiency Analysis: An Application of Data Envelopment Analysis", *Scientometrics*, 2008, 76 (3).

[2]　Cullmann A. , Schmidt-Ehmcke J. , Zloczysti P. , "R&D Efficiency and Barriers To Entry: A Two Stage Semi-parametric DEA Approach", *Oxford Economic Papers*, 2011, 64 (1).

[3]　Guan J. , Chen K. , "Modeling the Relative Efficiency of National Innovation Systems", *Research Policy*, 2012, 41 (1).

ed.）。[1] 其中，关（Guan）和陈（Chen）认为技术成果创新转化形成的新产品销售收入和创新收入是衡量创新生产水平的重要指标。卡拉亚尼斯等认为企业创新带来的资金收入是量化创新产出的重要指标。艾森哈特（Eisen-hardt）和苏（Sull）认为只有技术创新带来相应的经济效益，技术创新才有价值。我们梳理了相关的测量指标，在评价创新产出时，主要用专利授权数量、上市企业营业收入、商标注册数量等指标来测量。[2]

　　可持续的生态系统能够支持不同物种的生存和发展，所以多样性是衡量生态系统的重要标准。同样，可持续的城市创新生态系统应该能够鼓励企业研发和创新，促进企业创新的多样化，填补不同的利基市场。扬西蒂和莱维恩[3]认为，商业生态系统创建利基市场的能力主要看它是否同时具备创新主体的多样性以及价值创造的能力。阿夫扎勒（Afzal）运用高科技产品的出口占制造业出口的比重反映创新系统价值创造的能力。[4] 创建利基市场的能力包含两方面，一方面，创新的多样性与高科技产业的主营收入成正比，主营产业的业务情况越好，越可能创造出创新的利基市场，为企业提供更多的生存空间。因此，本书主要通过高科技产业主营收入量来衡量创建利基市场的能力。另一方面，随着我国互联网技术的不断发展，传统的指标已不足以衡量新的商业模式，本书引入了电商发展指数这一新型指标，电商的发展大大推动了草根创业。电商应用发达的地区更容易推动创新创业，为初创企业带来更多的创新机会，所以电商发展指数这一指标能够很好地反映不同城市创建利基市场的能力。

　　城市创新生态系统效率评价指标体系具体如表 3.1 所示。

---

① Carayannis E. G. , Goletsis Y. , Grigoroudis E. , "Multi-level Multi-stage Efficiency Measurement: the Case of Innovation Systems", *Operational Research*, 2015, 15 (2).

② Eisenhardt K. M. , Sull D. , "Strategy as Simple Rules", *Harvard Business Review*, 2001, 79 (1).

③ Iansiti M. , Levien R. , *The Keystone Advantage: What the New Dynamics of Business Ecosystems Mean for Strategy, Innovation, and Sustainability*, Harvard Business Press, 2004.

④ Afzal M. , "An Empirical Investigation of the National Innovation System (NIS) Using Data Envelopment Analysis (DEA) and the TOBIT Model", *International Review of Applied Economics*, 2014 (2).

表 3.1 城市创新生态系统效率评价指标体系

一级指标	二级指标	三级指标
创新投入	创新要素	万人在校大学生数
		万人国际互联网用户数
		万人科技支出
		人均图书拥有比例（公共图书馆藏量）（万册）
		不同地区在百度上搜索"创新创业""风险投资"的平均值
	创新主体	万人教育业从业人员数
		高技术产业企业数
		政府透明度
	中介机构	私募中介机构数
		租赁和商业服务业从业人员数
创新过程	信息流转机制	规模以上工业企业设立研发机构的个数
		企业与科研机构之间相互科技支出之和
		司法透明度
		科研机构之间的科研支出
	融资机制	银行等金融机构发放贷款的增量
		风险投资/私募股权投资融资总披露金额（亿元）
		风险资本市场的发展程度
	人才激励机制	以该城市为就业意向城市的本科及以上求职人员的数量
		规模以上企业研发机构中研究人员的数量
		本科及以上求职人员的平均期望薪酬
创新产出	生产力水平	专利授权数量
		上市企业营业收入
		商标注册数量
		技术合同成交额
	创建利基市场能力	高科技产业主营收入量
		电商发展指数

3.1.2 城市创新生态系统健康性评价指标的构建

（1）创新驱动力指标

城市创新生态系统驱动力包括四个二级指标，从政府作用、市场机制、科技发展以及企业家精神四个方面综合体现了创新的基本驱动力量。

第三章　指标构建与评价方法

为了从多角度反映政府的驱动作用，我们选取了如下三级指标：城市维护建设资金支出、城市道路面积、剧场与影剧院数量、公共图书馆藏书量、排水管长度、城市绿化率、科学技术支出、教育支出、政府透明度、司法透明度等。

市场在资源配置中起着基础性作用，市场竞争驱动力是创新生态系统发展的关键驱动力量。在指标选取上，主要从市场化程度以及开放程度的角度来量化。主要指标包括：非户籍人口比、劳动力市场化程度、规模以上外资及港澳台企业工业总产值占 GDP 比重、商标注册数量、企业所得税占 GDP 比重、每万人拥有的咖啡馆数量等。

科技发展既是创新生态系统不断发展的成果，也是推动创新生态系统进一步发展的动力。我们选取科技发展驱动力的三级指标包括：互联网用户、万人专利数、研发经费支出、货运总量、民用航空货邮量、客运总量、高新区工业总产值、"互联网 +" 指数。上述指标既包括创新投入指标，也包括创新产出指标。

企业是创新活动的主体，企业家精神则是影响企业创新活动的重要因素。我们基于新增市场主体、每万人拥有的市场主体数、营商环境、实际利用外资额、个体劳动者占比等多个指标来度量企业家精神。

（2）创新组织力指标

创新生态的构建并不是简单的投入—产出关系，而是需要在具备一定特征的前提下实现不同创新主体和创新要素的合作和有机融合。例如，多样性往往是创新活动产生的重要环境条件，开放的城市体系则是促进创新要素流动的前提，为此，我们选取了多样性、成长性、开放性和竞合性四个指标来度量创新组织力。

多样性指标反映了创新生态系统中主体的多元化特征，主要包括：规模以上工业企业科研机构数量、私募公司数量、律师事务所数量、国家技术转移示范机构、高新区高新技术企业数量、小微企业数量、科学研究与技术服务业企业数量、教育法人单位数量等指标。这些指标既包括直接从事创新活动的企业主体，也包括辅助创新活动的各类主体。

成长性指标包括企业数量增长率和高新技术企业数量增长率。

开放性指标包括：城市年净流入人口、城市外资及港澳台投资企业比例、高新区外籍人口占比、高新区企业创汇能力。这些指标反映了一个城市的经济维度的开放程度和人口维度的开放程度。

竞合性指标包括：城市宜居指数、职工平均工资数、高新企业占比、城市创新创业先锋指数、智慧城市指数、科企合作指数、科研合作指数。

（3）创新资源潜力指标

创新生态系统的发展离不开各种创新要素和社会资源，我们从科技资源、人力资源以及基础设施资源三个方面来度量创新资源潜力。

城市创新生态系统的发展潜力既取决于当前的起点，同时也取决于投入情况。例如，东部沿海城市的创新投入要高于中西部城市，具有更大的发展潜力；且东部沿海城市的研发支出水平和研发活动的成果都是中西部城市所不能比的，换句话说，东部城市在构建、推进城市创新生态系统时具有较高的起点，这决定了中西部城市的创新生态系统的发展速度要快于东部城市。上述两种力量共同决定了各个城市在创新生态系统发展潜力上的得分和排名。具体地，科技资源潜力指标包括：规模以上企业的研发支出、政府科技经费投入、风险市场发展程度、五年专利数、电商发展指数、高新区企业技术收入。

人力资源是长期经济增长和创新活动的决定性因素，一个城市能否不断聚集各类人才，尤其是高端、前沿科技创新人才，是城市创新生态系统建设的关键。我们从多个层面来度量人力资源潜力，具体指标包括：科研人员密度、万人在校大学生数、万人专任教师数量、高新区归国人员密度、高新区高级职称人才密度、高新区大专以上就业人员密度。

基础设施资源也是城市创新系统中的重要资源，具体指标包括：人均图书馆拥有比例、"互联网＋"指数、移动电话数量、万人互联网加入量。

城市创新生态系统健康性评价指标体系具体如表 3.2 所示。

表 3.2 城市创新生态系统健康性评价指标体系

一级指标	二级指标	三级指标
创新驱动力	政府驱动力	城市维护建设资金支出、城市道路面积、剧场与影剧院数量、公共图书馆藏书量
		排水管长度、城市绿化率、科学技术支出、教育支出
		政府透明度、司法透明度

续表

一级指标	二级指标	三级指标
创新驱动力	市场竞争驱动力	非户籍人口比、劳动力市场化程度
		规模以上外资及港澳台企业工业总产值占 GDP 比重
		商标注册数量
		企业所得税占 GDP 比重
		每万人拥有的咖啡馆数量
	科技发展驱动力	互联网用户、万人专利数、研发经费支出、货运总量、民用航空货邮量、客运总量
		高新区工业总产值
		"互联网＋"指数
	企业家精神	新增市场主体、每万人拥有的市场主体数
		营商环境
		实际利用外资额、个体劳动者占比
创新组织力	多样性	规模以上工业企业科研机构数量、私募公司数量、律师事务所数量
		国家技术转移示范机构、高新区高新技术企业数量
		小微企业数量、科学研究与技术服务业企业数量、教育法人单位数量
	成长性	企业数量增长率
		高新技术企业数量增长率
	开放性	城市年净流入人口
		城市外资及港澳台投资企业比例
		高新区外籍人口占比、高新区企业创汇能力
	竞合性	城市宜居指数
		职工平均工资数、高新企业占比
		城市创新创业先锋指数、智慧城市指数
		科企合作指数、科研合作指数
创新资源潜力	科技资源潜力	规模以上企业的研发支出、政府科技经费投入
		风险市场发展程度
		五年专利数
		电商发展指数
		高新区企业技术收入
	人力资源潜力	科研人员密度、万人在校大学生数、万人专任教师数量
		高新区归国人员密度、高新区高级职称人才密度、高新区大专以上就业人员密度
	基础设施资源潜力	人均图书馆拥有比例、"互联网＋"指数、移动电话数量、万人互联网加入量

3.1.3 城市创新生态系统智慧性评价指标的构建

（1）智慧载体指标

智慧并非凭空存在的，与过去主要以有机体为载体不同，在以移动互联网、物联网、云计算、大数据等为代表的新一代信息技术迅速发展下，融合着人类智慧成果的众多电子设备设施具备了充分抓取大众信息，利用群体智慧进行自我学习、自我纠正、自我更新、自我适应、开放互联的"类人"能力，也就成为城市创新生态系统中除人以外的一大智慧载体。

首先，人才储备是城市创新生态系统最为重要、最为根本的智慧载体。以往众所周知的企业、学校、科研院所、政府等创新主体都是以人的智慧为主的，人才储备情况对一个城市的创新生态系统至关重要。根据可获取数据的指标情况，对城市所拥有的人才整体质量可以用万人普通本专科在校学生数、万人在校研究生数两个指标进行衡量。之所以选择两个在校生的指标，是由于不同经济发展程度的城市在校本专科人数与研究生人数差异巨大。比如，2017 年北京市的万人普通本专科在校学生数是 273.13 人，太原市则为 1005.03 人；北京市的万人在校研究生数为 143.73 人，太原市则为 13.79 人。因此，同时纳入这两个指标，可以中和此类极端差距，使得评价结果更接近城市创新生态系统的真实情况。而研发人员是推动城市创新发展的主要动力，研发人员的投入与创新绩效之间存在长期均衡的关系，并对高校、企业和科研机构的创新产出具有较大的影响。因此，在此纳入研发人员占常住人口比重这一指标。

与人才储备是从"人"的角度进行智慧载体的衡量相对应，智慧设施是从"物"的角度对其加以衡量的。智慧设施的建设与普及与新一代信息技术的发展紧密相关。在此选取由国家信息中心、中国经济信息社、蚂蚁金服三方联合发布《中国移动支付发展报告（2019）》中的信息化基础指数作为其中一个三级指标。该指标作为一个复合指数，评价时考虑到了每百户接入互联网户数、每百人拥有移动手机数以及每万人拥有支付宝账户人数，比较全面地反映了部分智慧设施建设及使用情况。此外，智慧交通是城市创新生态系统创新成果应用的一个重要体现，可以通过 ETC 的使用情况进行了解。但受指标数据可得性的限制，在此使用百度指数中对 ETC 的搜索情况对其加以反映。同时考虑到不同城市 ETC 的普及化程度不同，普及程度高的地方搜索指数反而可能会偏低，故采用过去5年，即2013～2017年用百度搜索"ETC怎么办理、ETC办理、ETC、ETC官网"指数整体日均值的数据，并用常住人口进行处理。

（2）智慧交互能力指标

智慧交互能力指标是用来反映智慧载体之间的交互情况，可分为知识转化推动力、交互活跃度、交互量和交互速率四个维度。智慧交互能力是智慧载体之间运用已有的知识储备进行"转识成智""转智慧为创新"的能力。因此，我们认为知识转化推动力包含政府、社会为此投入的资金，民众的知识储备以及信息交互三方面，分别对应的指标为教育和科学技术支出占财政支出比重、信息技术行业VC/PE融资额、万人中百度搜索"知乎网、知乎日报"指数整体日均值、政府透明度指数。

交互活跃度影响着智慧交互的质量，活跃度越高，智慧交互活动所能创造的智慧创新成果越多。在此选择政府网站互动交流指数、移动支付发展指数作为交互活跃度的评价指标。其中，政府网站互动交流指数源自中国软件测评中心公布的《中国政府网站绩效评估报告》，其包含了咨询投诉、在线访谈、征集调查三个方面的8个指标①，该指数同时也被纳入《中国信息年鉴》，可以较好地反映政府与民众交互的活跃程度。

移动支付发展指数（China Mobile Paymen Index，简称CMPI）则是源自《中国移动支付发展报告》，其包括一个总指数和信息化基础指数、商业消费支付指数和政务民生支付指数三个二级指数，具体分为广度（实际交易用户覆盖率）、活跃度（人均笔数）、使用深度（人均交易额）。其中，信息化基础指数主要反映城市移动支付发展的基础条件，包括网络接入率、移动手机普及率和支付宝用户覆盖率。商业消费支付指数主要反映居民通过移动支付进行商业消费的发展情况，包括线上和线下消费。政务民生支付指数则反映居民通过移动支付使用政务和民生服务的发展情况，民政服务包括公积金、社保、交管、出入境、户政和财税服务等，民生服务包括教育、医疗、交通出行和生活缴费等。因此，选择移动支付发展指数能较为全面地反映民商交互的活跃程度。

交互量用来衡量城市创新生态系统内部与其他城市之间的交互量。"城

---

① 《2017年中国政府网站绩效评估报告》，http://www.cstc.org.cn/wzpg2017/zbg/zbglist.html。

市吸纳及输入的技术合同成交额"可以较好地反映城市之间在技术方面的交互量，科协学术交流会议论文数则可以反映知识交互层面的总量，高技术产品进出口贸易总额则是从产出成果的层面上反映城市在高技术产品方面交互量的大小。

　　交互速率指标则是从智慧载体、创新主体之间交互的速率层面对智慧交互能力进行评价，在此选择高峰拥堵延时指数、忙闲时加权平均可用下载速率这两个指标。其中，高峰拥堵延时指数源自高德地图发布的《2017年中国主要城市交通分析报告》，在"互联网＋交通"的智慧化发展驱动下，通过数据开放和政务信息化服务的双重作用，使城市交通拥堵情况得以有效缓解，比如武汉拥堵延时指数的快速下降正是得益于此。故选取高峰拥堵延时指数可以有效地评价城市智慧交互速率。

　　忙闲时加权平均可用下载速率则是来自国家宽带发展联盟发布的《中国宽带速率状况报告》，该指标可以反映人们使用固定宽带及移动宽带访问互联网时的重要体验。其中，忙时指的是用户上网的高峰时段，选取的是每晚 19 时至 23 时的 4 个小时；闲时指的是用户上网的非高峰时段，选取每天凌晨 1 时至 6 时的 5 个小时，且忙闲时都用于固定宽带上网场景，移动宽带上网场景不区分忙闲时。

　　表 3.3 是城市创新生态系统智慧性评价指标体系中所涵盖的全部指标情况。

表 3.3　城市创新生态系统智慧性评价指标体系

一级指标	二级指标	三级指标
智慧载体	人才储备（人）	万人普通本专科在校学生数
		万人在校研究生数
		研发人员占常住人口比重
	智慧设施（物）	信息化基础指数
		万人中百度搜索"ETC 怎么办理、ETC 办理、ETC、ETC 官网"指数整体日均值

续表

一级指标	二级指标	三级指标
智慧交互能力	知识转化推动力	教育和科学技术支出占财政支出比重
		信息技术行业风险投资/私募股权投资融资额
		万人中百度搜索"知乎网、知乎日报"指数整体日均值
		政府透明度指数
	交互活跃度	政府网站互动交流指数
		移动支付发展指数
	交互量	技术合同成交额
		学术会议交流论文数
		高技术产品进出口贸易总额
	交互速率	高峰拥堵延时指数
		忙闲时加权平均可用下载速率

3.2　评价方法

3.2.1　确定权重

评价指标体系中的指标权重是根据指标的重要性、数值反映所评价问题的表征程度来确定的。但是，由于主观因素的影响，不同的人对指标权重的看法不同。为了结果的严谨性和科学性，本书采用德尔菲法确定各指标的权重。

第一步，将效率评价体系和健康性评价体系的指标发给9位专家，由专家通过"背靠背"匿名打分确定权重。

第二步，收集专家打分的结果，计算平均值和离差，设定允许的离差最大值，将各指标的评价权重值反馈给9位专家，进行第二次权重打分。

第三步，各指标权重的离差均达到设定标准后，将9位专家确定的权重平均值作为各指标的权重。

3.2.2　标准化处理

本书所使用的数据来源广泛，且单位和量级不同，因此需要对原始数据进行无量纲化处理。根据指标的不同特性，采用不同的标准化方法。

其中，对于正向指标，即数值越大评价越好的指标，采用的标准化方法是用该指标的观测值减去所有指标观测值中的最小值，再进行下一步处理。标准化公式为：

$$x'_{ij} = \frac{X_{ij} - \min\limits_{1 \leqslant i \leqslant n} X_{ij}}{\max\limits_{1 \leqslant i \leqslant n} X_{ij} - \min\limits_{1 \leqslant i \leqslant n} X_{ij}} \tag{3.1}$$

对于逆向指标，即数值越小评价越好的指标，采用的标准化方法是用所有指标观测值中的最大值减去该指标的观测值，再进行下一步处理。标准化公式为：

$$x'_{ij} = \frac{\max\limits_{1 \leqslant i \leqslant n} X_{ij} - X_{ij}}{\max\limits_{1 \leqslant i \leqslant n} X_{ij} - \min\limits_{1 \leqslant i \leqslant n} X_{ij}} \tag{3.2}$$

其中，n 为城市数量，x'_{ij} 是第 i 个城市的第 j 个指标经过标准化的值，X_{ij} 是第 i 个城市第 j 个指标的原始值。

各项指标经过标准化处理后，所得结果均分布在 [0，1]，1 代表最高水平。

3.2.3　指标合成

（1）效率与健康性评价指标的合成方法

将某一类的所有指标无量纲化后的数值与其权重进行加权平均，得出某一类指数。例如，创新主体投入指标包括万人教育业从业人员数、2018 年高技术产业企业数、2018 年政府透明度指数 3 个子维度指标，将这 3 个子维度指标无量纲化后进行加权平均，得到创新主体投入指数。计算公式如（3.3）所示。

$$I_i = \frac{\sum x'_{ij} \omega_j}{\sum \omega_j} \tag{3.3}$$

其中，x'_{ij} 是第 i 个城市的第 j 个指标经过标准化的值，ω_j 为该指标的权重。

之后，采用数据包络分析法（DEA）计算城市创新生态系统的效率和健康性。将创新投入、创新过程看成两个投入指标，将创新产出作为结果，采用规模可变下的模型进行计算。在健康性评价方面，根据创新驱动力、创新组织力和创新资源潜力三个维度的数值与其权重进行加权平均，得到城市创新生态系统健康性综合指数。

（2）智慧性评价指标的合成方法

对于城市创新生态系统智慧性评价部分的指标体系，采取熵值法进行权重的计算。在此之前，需要将搜集的原始数据进行标准化处理。

与 3.2.2 的标准化处理类似，对于正向指标，标准化公式为：

$$x'_{ij} = \frac{X_{ij} - \min_{1 \leqslant i \leqslant n} X_{ij}}{\max_{1 \leqslant i \leqslant n} X_{ij} - \min_{1 \leqslant i \leqslant n} X_{ij}} \qquad (3.4)$$

对于逆向指标，标准化公式为：

$$x'_{ij} = \frac{\max_{1 \leqslant i \leqslant n} X_{ij} - X_{ij}}{\max_{1 \leqslant i \leqslant n} X_{ij} - \min_{1 \leqslant i \leqslant n} X_{ij}} \qquad (3.5)$$

其中，n 为城市数量，x'_{ij} 是第 i 个城市的第 j 个指标经过标准化的值，X_{ij} 是第 i 个城市第 j 个指标的原始值。

针对标准化后出现的 $x'_{xj} = 0$ 的情况，会影响后续计算 $\ln(P_{ij})$，故将以上标准化得到的 x'_{ij} 进行以下处理：

$$x_{ij} = x'_{ij} \times 0.99 + 0.01 \qquad (3.6)$$

之后，运用熵值法首先对标准化处理之后的各二级指标下的三级指标分别进行权重计算，计算步骤如下：

设 E_j 为所有城市对指标 X_j 的贡献总量，则：

$$E_j = -K \sum_{i=1}^{m} P_{ij} \ln(P_{ij}) \qquad (3.7)$$

其中，$K = \dfrac{1}{\ln(m)}$，$P_{ij} = \dfrac{x_{ij}}{\sum\limits_{i=1}^{m} x_{ij}}$，$m$ 为城市的数量。

然后，第 j 个指标下各个城市贡献度的一致性程度 d_j 为：

$$d_j = 1 - E_j \qquad (3.8)$$

则各指标的熵权 W_j 为：

$$W_j = \frac{d_j}{\sum\limits_{j=1}^{n} d_j} \qquad (3.9)$$

运用计算得到的各二级指标下的三级指标的权重，乘以标准化得到的

三级指标值 x_{ij}，得出各二级指标的评价初始值，并再次进行上述标准化处理，同样计算出各二级指标的权重。如此周而复始，最终汇总得到各个城市创新生态系统的智慧性综合指数得分。

第四章　数据与结果

前面章节已经构建了城市创新生态系统的最新指标体系，为保证研究的延续性，本章将继续选择与 2016 年版评价对象一致的 35 个主要城市进行数据收集。受制于时间因素，本书采取权变的方法收集和处理数据，数据来源更加大众化、标准化、科学化。最后通过 DEA 模型、加权平均法和熵值法分别计算出各个城市创新生态系统效率、健康性、智慧性的综合排名，并根据排名结果宏观分析中国城市创新生态系统呈现的总体特征和发展趋势。

4.1　评价对象与数据来源

4.1.1　评价对象

本书选择对我国的 35 个主要城市进行创新生态系统效率和创新生态系统健康性的评价。这 35 个城市包括：5 个计划单列市、4 个直辖市、22 个省会城市（不包括台湾省省会台北）、4 个自治区首府（不包括西藏自治区首府拉萨），具体见表 4.1。

表 4.1　城市创新生态系统评价城市列表

北京	南京	济南	重庆
天津	杭州	郑州	成都
石家庄	宁波	武汉	贵阳
太原	合肥	长沙	昆明
呼和浩特	福州	广州	西安
沈阳	厦门	深圳	兰州
大连	南昌	南宁	西宁

长春	青岛	海口	银川
哈尔滨	上海	乌鲁木齐	

选择依据如下。第一，数据的可得性与数据统计口径的一致性。尽管本课题的研究应用了大数据方法对城市数据进行抓取，同时得到了其他研究机构有关城市研究数据的支持，但大部分城市数据的来源是基于国家统计局、各城市统计局、各城市其他行政职能部门的统计。而目前我国有关城市数据的公布，大多选择对计划单列市、直辖市、省会城市以及自治区首府等进行数据公开，因此，为了保证数据的可得性和统计口径的一致性，本研究选择基于以上主要城市范围内选择评价对象。第二，考虑到城市创新发展程度，本书的评价对象不包括拉萨。

4.1.2　数据来源

在数据采集时间方面，2019 年的统计年鉴在本课题组开始工作时尚未出版，因此本课题组主要使用的是《中国城市统计年鉴 2018》中公布的数据，数据采集的时间点以 2017 年为准。但在具体数据采集时，仍然采取了权变的处理方法。第一，如有需要消除静态时间考察的缺陷，课题组将对连续几年的数据进行平滑处理。第二，有些指标衡量的是增长情况，处理方法是将 2017 年和 2016 年的数据进行比例运算。第三，如某些 2017 年数据缺失，课题组即统一采用 2016 年的数据。第四，城市统计年鉴中无法找到的数据，课题组将利用其他数据库如投中数据库，其他数据平台如智联招聘，其他研究报告如腾讯报告、阿里报告等数据来源进行补充。例如对于"以该城市为就业意向城市的本科及以上求职人员的数量"和"本科及以上求职人员的平均期望薪酬"两项指标，本书即通过对智联招聘 2018 年的应聘信息的随机样本整理、统计得出。政府透明度指标来源于《法治蓝皮书：中国法治发展报告（2019）》；司法透明度指标来源于《中国法制年鉴 2018》。尤其一些数据首次利用"大数据"的方式采集，如百度搜索中的关键词检索。第五，在数据缺失的情况下，部分指标利用城市所在省份的数据进行换算。

城市创新生态系统效率评价的指标数据来源如表 4.2 所示。

表 4.2 城市创新生态系统效率评价的指标数据来源

一级指标	二级指标	三级指标	数据来源
创新投入	创新要素	万人在校大学生数	《中国城市统计年鉴 2018》
		万人国际互联网用户数	《中国城市统计年鉴 2018》
		万人科技支出	《中国城市统计年鉴 2018》
		人均图书拥有比例（公共图书馆藏量）	《中国城市统计年鉴 2018》
		不同地区在百度上搜索"创新创业""风险投资"的平均值	百度搜索 2018/01/01～2018/12/31
	创新主体	万人教育业从业人员数	《中国城市统计年鉴 2018》
		高技术产业企业数	《中国科技统计年鉴 2018》及当年各城市统计年鉴（部分城市数据缺失，根据各城市在所在省 GDP 的贡献率，乘以所在省的研发机构个数得到）
		政府透明度	《法治蓝皮书：中国法治发展报告（2019）》
	中介机构	私募机构数	百度
		租赁和商业服务业从业人员数	《中国城市统计年鉴 2018》
创新过程	信息流转机制	规模以上工业企业设立研发机构的个数	《中国科技统计年鉴 2018》及当年各城市统计年鉴（部分城市数据缺失，根据各城市在所在省 GDP 的贡献率，乘以所在省的研发机构个数得到）
		企业与科研机构之间相互科技支出之和	《中国科技统计年鉴 2018》及当年各城市统计年鉴（部分城市数据缺失，根据各城市在所在省 GDP 的贡献率，乘以所在省的科技支出之和得到）
		司法透明度	《中国法制年鉴 2018》
		科研机构之间的科研支出	《中国科技统计年鉴 2018》及当年各城市统计年鉴（部分城市数据缺失，根据各城市在所在省 GDP 的贡献率，乘以所在省的科研支出得到）
	融资机制	银行等金融机构发放贷款的增量	由国泰安数据库中 2016 年及 2017 年各城市银行等金融机构的贷款额计算得出
		风险投资/私募股权投资融资总披露金额（亿元）	CV SOURCE 数据库
		风险资本市场的发展程度	通过 CV SOURCE 数据库的数据进行检索并统计得到

续表

一级指标	二级指标	三级指标	数据来源
创新过程	人才激励机制	以该城市为就业意向城市的本科及以上求职人员的数量	通过对智联招聘2018年的应聘信息的随机样本整理、统计得出
		规模以上企业研发机构中研究人员的数量	《中国科技统计年鉴2018》及当年各城市统计年鉴（部分城市数据缺失，根据各城市在所在省GDP的贡献率，乘以所在省的人数得到）
		本科及以上求职人员的平均期望薪酬	通过对智联招聘2018年的应聘信息的随机样本整理、统计得出
创新产出	生产力水平	专利授权数量	《中国城市统计年鉴2018》
		上市企业营业收入	Wind数据库（通过各城市上市企业的营业收入计算得出）
		商标注册数量	商务部网站
		技术合同成交额	《中国科技统计年鉴2018》及当年各城市统计年鉴（部分城市数据缺失，根据各城市在所在省GDP的贡献率，乘以所在省的技术合同成交额得到）
	创建利基市场能力	高新技术产业的主营收入量	《中国科技统计年鉴2018》及当年各城市统计年鉴（部分城市数据缺失，根据各城市在所在省GDP的贡献率，乘以所在省的高新技术产业的主营业务收入得到）
		电商发展指数	阿里巴巴研究院

城市创新生态系统健康性评价的指标数据来源如表4.3所示。

表4.3　城市创新生态系统健康性评价的指标数据来源

一级指标	二级指标	三级指标	数据来源
创新驱动力	政府驱动力	城市维护建设资金支出、城市道路面积、公共图书馆藏书量	《中国城市统计年鉴2018》
		剧场与影剧院数量	《中国城市统计年鉴2014》
		排水管长度、城市绿化率、科学技术支出、教育支出	《中国城市统计年鉴2018》
		政府透明度、司法透明度	《法治蓝皮书：中国法治发展报告（2019）》

续表

一级指标	二级指标	三级指标	数据来源
创新驱动力	市场竞争驱动力	非户籍人口比、劳动力市场化程度	《中国城市统计年鉴 2018》
		规模以上外资及港澳台企业工业总产值占 GDP 比重	各城市 2018 年国民经济与社会发展公告
		商标注册数量	根据各省级数据进行换算
		企业所得税占 GDP 比重	《中国火炬年鉴 2018》
		每万人拥有的咖啡馆数量	百度搜索
	科技发展驱动力	互联网用户、万人专利数、研发经费支出、货运总量、民用航空货邮量、客运总量	《中国城市统计年鉴 2018》
		高新区工业总产值	《中国火炬年鉴 2018》
		"互联网＋"指数	腾讯研究院
	企业家精神	新增市场主体、每万人拥有的市场主体数	各城市 2018 年国民经济与社会发展公告
		营商环境	《中国城市新文创活力指数报告 2018》
		实际利用外资额、个体劳动者占比	《中国城市统计年鉴 2018》
创新组织力	多样性	规模以上工业企业科研机构数量、私募公司数量、律师事务所数量	《中国火炬统计年鉴 2018》及天眼查、企业查等
		国家技术转移示范机构、高新区高新技术企业数量	各城市 2018 年国民经济与社会发展公告、《中国火炬统计年鉴 2018》及天眼查、企业查等
		小微企业数量、科学研究与技术服务业企业数量、教育法人单位数量	各城市第三次经济普查统计公报数据
	成长性	企业数量增长率	各城市 2018 年国民经济与社会发展公告、《中国城市统计年鉴 2018》
		高新技术企业数量增长率	《中国火炬统计年鉴 2018》
	开放性	城市年净流入人口	《中国城市统计年鉴 2018》
		城市外资及港澳台投资企业比例	《中国城市统计年鉴 2018》
		高新区外籍人口占比、高新区企业创汇能力	《中国火炬统计年鉴 2018》
	竞合性	城市宜居指数	《中国宜居城市研究报告 2018》
		职工平均工资数、高新企业占比	《中国城市统计年鉴 2018》
		城市创新创业先锋指数、智慧城市指数	腾讯研究院
		科企合作指数、科研合作指数	《中国科技统计年鉴 2018》及当年各城市统计年鉴（部分城市数据缺失，根据各城市在所在省 GDP 的贡献率，乘以所在省的科技支出之和得到）

续表

一级指标	二级指标	三级指标	数据来源
创新资源潜力	科技资源潜力	规模以上企业的研发支出、政府科技经费投入	《中国城市统计年鉴 2018》
		风险市场发展程度	CV SOURCE 数据库
		五年专利数	根据历年中国城市统计年鉴与各城市国民经济与社会发展公告计算
		电商发展指数	阿里巴巴研究院
		高新区企业技术收入	《中国科技统计年鉴 2018》及当年各城市统计年鉴（部分城市数据缺失，根据各城市在所在省 GDP 的贡献率，乘以所在省的高新技术产业的主营业务收入得到）
	人力资源潜力	科研人员密度、万人在校大学生数、万人专任教师数量	《中国城市统计年鉴 2018》
		高新区归国人员密度、高新区高级职称人才密度、高新区大专以上就业人员密度	各城市第三次经济普查统计公报
	基础设施资源潜力	人均图书馆拥有比例、"互联网＋"指数、移动电话数量、万人互联网加入量	《中国城市统计年鉴 2018》

城市创新生态系统智慧性评价的指标数据来源如表 4.4 所示。

表 4.4 城市创新生态系统智慧性评价的指标数据来源

一级指标	二级指标	三级指标	数据来源
智慧载体	人才储备（人）	万人普通本专科在校学生数	《中国城市统计年鉴 2018》
		万人在校研究生数	各城市统计年鉴、国民经济和社会发展统计公报，其中呼和浩特、南宁、昆明、西宁的数据由其所有高校在校研究生数汇总得到
		研发人员占常住人口比重	《中国城市统计年鉴 2018》、CEIC
	智慧设施（物）	信息化基础指数	《中国移动支付发展报告》
		万人中百度搜索"ETC 怎么办理、ETC 办理、ETC、ETC 官网"指数整体日均值	百度指数，与普及化程度有关系，普及程度高的地方搜索指数反而可能会偏低，故用过去 5 年的数据，即 2013～2017 年整体日均值

续表

一级指标	二级指标	三级指标	数据来源
智慧交互能力	知识转化推动力	教育和科学技术支出占财政支出比重	CEIC，各地各城市 2018 年的统计年鉴
		信息技术行业风险投资/私募股权投资融资额	从 Wind 数据库中的中国 PEVC 库，摘取信息技术行业近 3 年平均值
		万人中百度搜索"知乎网、知日日报"指数整体日均值	百度指数
	交互活跃度	政府透明度指数	《法治蓝皮书：中国法治发展报告（2018）》
		政府网站互动交流指数	中国软件测评中心公布的《中国政府网站绩效评估报告》
		移动支付发展指数	《中国移动支付发展报告》
	交互量	技术合同成交额	《中国火炬统计年鉴 2018》，各市国民经济和社会发展统计公报
		学术会议交流论文数	《中国科学技术学会统计年鉴 2018》
		高技术产品进出口贸易总额	《中国科技统计年鉴 2018》，缺少的数据根据各城市对所在省 GDP 贡献率计算得到
	交互速率	高峰拥堵延时指数	高德地图发布的《2017 年度中国主要城市交通分析报告》为逆向指标，因为少数不发达地区交通拥堵状况较轻导致数据偏小，而归一化后出现数据偏大现象，在此用人均民用汽车保有量进行处理。
		忙闲时加权平均可用下载速率	国家宽带发展联盟发布的《中国宽带速率状况报告 2017》

4.2 数据总体结果

4.2.1 城市创新生态系统效率排名

本研究选择投入导向型 DEA 模型，对 35 个大中型城市的创新生态系统的效率进行了计算，具体排名与效率结果如表 4.5 所示，总体情况如图 4.1 所示。

表 4.5 城市创新生态系统效率排名

城市	分数	排名	城市	分数	排名
深圳	1.000	1	济南	0.528	19
广州	1.000	1	沈阳	0.516	20

续表

城市	分数	排名	城市	分数	排名
北京	0.853	3	哈尔滨	0.504	21
上海	0.771	4	太原	0.394	22
武汉	0.762	5	石家庄	0.388	23
重庆	0.762	6	南昌	0.387	24
杭州	0.754	7	贵阳	0.382	25
郑州	0.739	8	长春	0.369	26
天津	0.707	9	昆明	0.359	27
福州	0.703	10	大连	0.344	28
厦门	0.687	11	南宁	0.341	29
成都	0.672	12	兰州	0.251	30
西安	0.649	13	银川	0.237	31
青岛	0.640	14	海口	0.220	32
南京	0.584	15	呼和浩特	0.215	33
宁波	0.552	16	乌鲁木齐	0.207	34
合肥	0.533	17	西宁	0.042	35
长沙	0.533	18			

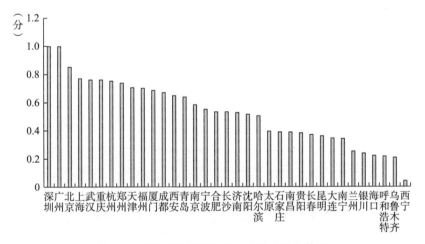

图 4.1　中国城市创新生态系统效率总体情况

4.2.2　城市创新生态系统健康性排名

本书通过权重加权平均的方法，对 35 个大中型城市的创新生态系统的健康性进行了评价排名，结果如表 4.6 及图 4.2 所示。

表 4.6　城市创新生态系统健康性排名

城市	分数	排名	城市	分数	排名
北京	0.998	1	济南	0.160	19
上海	0.843	2	沈阳	0.145	20
深圳	0.704	3	福州	0.132	21
广州	0.528	4	石家庄	0.129	22
天津	0.383	5	长春	0.100	23
杭州	0.350	6	南昌	0.098	24
重庆	0.310	7	贵阳	0.097	25
武汉	0.293	8	哈尔滨	0.096	26
成都	0.291	9	昆明	0.094	27
南京	0.282	10	银川	0.093	28
青岛	0.238	11	南宁	0.077	29
宁波	0.238	12	海口	0.072	30
郑州	0.225	13	太原	0.064	31
厦门	0.210	14	西宁	0.052	32
合肥	0.203	15	乌鲁木齐	0.048	33
长沙	0.197	16	兰州	0.048	34
西安	0.196	17	呼和浩特	0.028	35
大连	0.177	18			

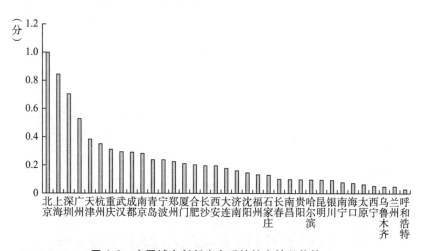

图 4.2　中国城市创新生态系统健康性总体情况

4.2.3　城市创新生态系统智慧性排名

本书采取熵值法对 35 个大中型城市的创新生态系统的智慧性进行指标

权重的计算，并得出最终的评价排名，结果如表 4.7 及图 4.3 所示。

表 4.7　城市创新生态系统智慧性排名

城市	分数	排名	城市	分数	排名
北京	1.000	1	厦门	0.196	19
上海	0.828	2	福州	0.195	20
深圳	0.513	3	南昌	0.174	21
广州	0.462	4	太原	0.162	22
杭州	0.415	5	长春	0.158	23
武汉	0.380	6	兰州	0.154	24
天津	0.360	7	石家庄	0.138	25
南京	0.357	8	昆明	0.133	26
西安	0.351	9	贵阳	0.130	27
成都	0.323	10	哈尔滨	0.118	28
重庆	0.304	11	南宁	0.114	29
郑州	0.271	12	大连	0.111	30
济南	0.232	13	乌鲁木齐	0.089	31
长沙	0.230	14	海口	0.083	32
青岛	0.229	15	银川	0.066	33
合肥	0.208	16	呼和浩特	0.052	34
沈阳	0.200	17	西宁	0.035	35
宁波	0.198	18			

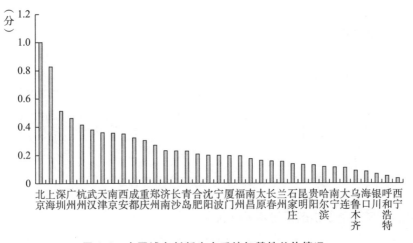

图 4.3　中国城市创新生态系统智慧性总体情况

4.3　数据总体分析

4.3.1　城市创新生态系统效率的总体分析

　　整体来看，东部城市的创新生态系统效率高于西部城市。西部地区中，重庆的创新生态系统效率最高，已经跻身全国前10。以广州和深圳为代表的珠三角地区的城市创新生态系统效率明显高于其他地区，其创新发展走在全国前列。京津冀地区的创新发展不均衡，北京和天津的创新效率靠前，而石家庄还相对落后。长三角地区，上海、杭州城市的创新效率排前10，上海创新效率排名第4，杭州创新效率排名第7。

　　根据城市创新生态系统效率的数据结果，排在前三位的城市分别为深圳、广州、北京，这三个城市的创新生态系统效率明显高于其他城市。另外，35个城市中，8.57%的城市创新效率在0.8~1之间，31.43%的城市创新效率在0.6~0.8之间，20%的城市创新效率在0.4~0.6之间，37.14%的城市创新效率在0.2~0.4之间，2.86%的城市创新效率在0.2以下。从图4.1来看，可以将35个城市划分成五个梯队，深圳、广州、北京位于第一梯队，上海、武汉、杭州、重庆、天津等11个城市位于第二梯队，南京、宁波、合肥等7个城市位于第三梯队，太原、石家庄、南昌等13个城市位于第四梯队，只有西宁位列最后。深圳、广州在国内创新方面具有明显的优势，超过了老牌的大都市北京与上海，这一结果表明，借助创新的力量，在接下来的10年甚至5年内，中国城市格局和影响力可能会发生颠覆性的变化。基于"创新投入—创新产出"主效应的创新资源配置，北京和上海并未取得效率上的优势。这一结果应该能够给全国各个城市的创新活动提振信心，城市规模不一定能决定创新效率，在创新投入与创新产出之间还有重大的影响机制——创新转化机制，只要其他城市在这方面做足功课，那么创新效率方面会获得相对竞争优势。

4.3.2　城市创新生态系统健康性的总体分析

　　从整体情况来看，城市创新生态系统健康性与城市创新生态系统效率的排名特征较为相似，多数经济较为发达的东部城市的健康性排名要高于中西部城市，从得分情况来看，东部城市的得分远远高于西部城市。在所

有西部地区城市中，重庆和成都的创新生态系统健康性排名靠前，位列第 7
名和第 9 名。在中部城市中，武汉的排名较为靠前，分别为第 7 名和第
8 名。

从城市创新生态系统健康性的排名结果来看，排在前 3 名的城市分别为
北京、上海和深圳。从第 5 名天津开始的余下 31 个城市的健康性得分均低
于 0.5。从分数的分布情况来看，第一梯队城市包括北京、上海、深圳和广
州，得分均在 0.5 以上，占全部城市比重的 11.43%；第二梯队包括 11 个城
市，得分在 0.2~0.4 之间，包括天津、杭州等城市；第三梯队包括 8 个城
市，得分在 0.1~0.2 之间，包括长沙、西安等城市；第四梯队包括 12 个城
市，得分均在 0.1 分以下，包括南昌、贵阳等城市。

城市创新生态系统健康性从总体上反映了各个城市创新的能力和资源
情况，具体由创新驱动力、创新组织力以及创新资源潜力构成。从各城市
得分排名情况来看，北京、上海、深圳、广州、天津分列前 5 名，得分分别
为 0.998、0.843、0.704、0.528 和 0.383。其他排名靠前的城市也多为经济
较为发达的东部城市，排位较为靠后的城市则多为中西部地区城市（只有
西安排名较为靠前，以 0.196 分位列第 17 名）。东北地区的沈阳、长春、哈
尔滨排名均较为靠后，分别为第 20、23、26 名。总体来看，城市创新生态
系统健康性排名与各地区经济发展程度呈现高度相关关系。

4.3.3　城市创新生态系统智慧性的总体分析

从城市所在区域看，评价得分在 0.5 以上的北京、上海、深圳 3 个城市
全部是东部城市；评分在 0.3~0.5 之间的 8 个城市中，东部城市有 4 个，
分别为广州、杭州、天津、南京，西部城市有 3 个，分别为西安、成都、重
庆，中部城市仅有 1 个，即武汉。从城市群看，京津冀城市群的创新生态系
统智慧性发展存在显著不平衡，其中北京和天津发展较好，石家庄排名靠
后，智慧性发展明显落后。与创新效率的表现相似，以广州和深圳为首的
珠三角地区的城市创新生态系统智慧性也显著偏高。

从图 4.3 来看，根据城市创新生态系统的智慧性评价结果，可以将 35
个城市划分为四个梯队。排名前 3 位的北京、上海、深圳，城市智慧性得分
均在 0.5 以上，占据样本城市的 8.57%，为第一梯队，城市创新生态系统
的智慧性比较高。广州、杭州、天津、南京等 8 个城市位于第二梯队（得
分在 0.3~0.5 之间），占样本城市的 22.86%，城市创新生态系统的智慧性

处于中等水平。郑州、济南、青岛等19个城市位于第三梯队（得分在0.1~0.3之间），占样本城市的54.29%，城市创新生态系统的智慧性偏低。乌鲁木齐、海口等5个城市位于第四梯队（得分在0.1以下），占样本城市的14.29%，城市创新生态系统的智慧性比较低。可见，我国35个主要城市的创新生态系统的智慧性大部分还是中等以下的水平，相对于创新效率还有较大的提升空间。

第五章 城市创新生态系统：效率

本章首先是利用 DEA 模型对城市创新综合效率进行了评价：东部城市的生态系统创新效率优于西部城市。此次排名前 10 的城市分别为深圳、广州、北京、上海、武汉、重庆、杭州、郑州、天津、福州。其次对细分指标进行计算评价：（1）创新投入评价（创新要素、创新主体、中介机构各部分排名）；（2）创新过程评价（信息流转机制、融资机制、人才激励机制各部分排名）；（3）创新产出评价（生产力水平、创建利基市场能力各部分排名）。最后与 2016 年版创新效率评价结果进行了对比，并从宏观层面讨论了各个城市创新效率出现的新变化。

5.1 城市创新生态系统效率评价

本书选择投入导向型 DEA 模型，运用 DEA2.1 分析软件，对 35 个大中型城市的创新生态系统的各项效率进行了计算，结果如表 5.1 所示。

表 5.1 城市创新生态系统各项效率情况

城市	综合效率	技术效率	规模效率	规模报酬	综合排名
深圳	1.000	1.000	1.000	–	1
广州	1.000	1.000	1.000	–	1
北京	0.853	0.905	0.943	irs	3
上海	0.771	0.78	0.988	irs	4
武汉	0.762	0.908	0.839	irs	5
重庆	0.762	0.873	0.873	irs	6
杭州	0.754	0.826	0.913	irs	7
郑州	0.739	0.92	0.803	irs	8

第五章　城市创新生态系统：效率

续表

城市	综合效率	技术效率	规模效率	规模报酬	综合排名
天津	0.707	0.846	0.836	irs	9
福州	0.703	1.000	0.703	irs	10
厦门	0.687	0.918	0.748	irs	11
成都	0.672	0.762	0.882	irs	12
西安	0.649	0.847	0.767	irs	13
青岛	0.640	0.878	0.729	irs	14
南京	0.584	0.675	0.866	irs	15
宁波	0.552	0.707	0.781	irs	16
合肥	0.533	0.745	0.716	irs	17
长沙	0.533	0.749	0.712	irs	18
济南	0.528	0.743	0.711	irs	19
沈阳	0.516	0.866	0.597	irs	20
哈尔滨	0.504	1.000	0.504	irs	21
太原	0.394	0.885	0.446	irs	22
石家庄	0.388	0.836	0.465	irs	23
南昌	0.387	0.682	0.567	irs	24
贵阳	0.382	0.856	0.447	irs	25
长春	0.369	0.714	0.517	irs	26
昆明	0.359	0.761	0.472	irs	27
大连	0.344	0.704	0.489	irs	28
南宁	0.341	0.875	0.390	irs	29
兰州	0.251	1.000	0.251	irs	30
银川	0.237	0.958	0.248	irs	31
海口	0.220	0.720	0.305	irs	32
呼和浩特	0.215	1.000	0.215	irs	33
乌鲁木齐	0.207	0.809	0.255	irs	34
西宁	0.042	1.000	0.042	irs	35

第五章　城市创新生态系统：效率

　　从表 5.1 来看，东部城市的生态系统创新效率优于西部城市。排名前 10 的城市分别为深圳、广州、北京、上海、武汉、重庆、杭州、郑州、天津、福州。其中深圳与广州的效率指数都为 1，反映出珠三角的城市创新效率领先于全国其他城市。北京排名第 3，由于创新投入量过大，其综合效率排名不如深圳和广州。上海处于第 4 的位置，但较深圳与广州的创新效率有一点差距。武汉、重庆位于第 5、第 6 的位置，主要是因为这两个城市最近一年里投入和产出比处于比较优的状态。杭州排名第 7，主要是创新生态系统创建利基市场的能力较强，也与杭州发达的电商有密切的关系。而创新系统综合效率排名后 10 的城市分别为长春、昆明、大连、南宁、兰州、银川、海口、呼和浩特、乌鲁木齐、西宁。创新效率排名靠后的城市大部分为西部城市，主要与西部地区创新规模小与创新人才吸引能力弱有关。相对于东部地区，西部的创新资源有限，创新关注度不高，创新激励机制落后等都影响了西部地区的创新效率。

　　技术效率是指决策单元的投入能否得到有效应用，即能否实现产出最大化或者是投入最小化，其值代表创新投入的使用效率，反映了决策单元的管理水平。DEA 的结果显示，深圳、广州、福州、哈尔滨、兰州、呼和浩特的技术效率即创新资源的使用效率处在优势地位。深圳、广州和北京的技术效率结果符合实际情况，而哈尔滨、兰州和呼和浩特的结果却比较意外。由于 DEA 是一个相对的有效性的评价，当投入和过程两个指标中有一个很小，就可能让这个城市处于前列，哈尔滨、兰州和呼和浩特就是因为这个原因在纯技术方面处于 DEA 有效的位置。

　　规模效率是指决策单元的投入产出比例是否适当，其值越高表示现有的生产规模结构越适合，生产力越强大。广州、深圳处于领先位置，说明这三个城市的创新规模结构较为合理，而北京的创新规模结构存在一些问题，从而影响了北京的综合效率。西部城市创新综合效率低的主要原因是规模效率偏低，创新的规模结构不合理。

　　在规模报酬的数据中，所有城市都可以通过提高创新的规模来实现创新效率的提升。所以，进一步增加投入并适当调整规模仍是提高创新的重要手段。

第五章　城市创新生态系统：效率

5.2　城市创新生态系统创新投入评价

5.2.1　创新投入综合排名

创新投入部分的总排名是对创新要素、创新主体、中介机构排名的加权汇总，表5.2列出了在创新投入的评价中表现最佳的10个城市。

表5.2　创新投入评价综合排名

排名	城市	分数
1	北京	0.668
2	深圳	0.631
3	上海	0.610
4	广州	0.522
5	成都	0.374
6	南京	0.351
7	杭州	0.343
8	重庆	0.335
9	武汉	0.319
10	天津	0.287

5.2.2　创新要素指标排名

创新要素主要是根据万人拥有在校大学生数（人/万人）、万人拥有国际互联网用户数（户/万人）、万人科技支出、人均图书拥有比例（公共图书馆藏量）（万册）、地区在百度上搜索"创新""创业""风险投资"的平均值（2018/01/01～2018/12/31）指标进行综合加权得到的结果，该指标排名前10如表5.3所示。

表5.3　创新要素指标排名

排名	城市	分数
1	深圳	0.616
2	北京	0.524
3	上海	0.519

续表

排名	城市	分数
4	广州	0.479
5	南京	0.403
6	武汉	0.376
7	杭州	0.347
8	成都	0.339
9	重庆	0.293
10	郑州	0.285

5.2.3 创新主体指标排名

创新主体主要是针对产学研政中的万人教育业从业人员数（万人）、政府透明度、高新企业数等来进行指标的分析，该指标排名前 10 如表 5.4 所示。

表 5.4 创新主体指标排名

排名	城市	分数
1	广州	0.811
2	北京	0.782
3	深圳	0.665
4	上海	0.628
5	重庆	0.563
6	成都	0.553
7	合肥	0.459
8	南京	0.450
9	杭州	0.448
10	宁波	0.439

5.2.4 中介机构指标排名

对于中介的分析主要是根据私募机构数和租赁与商业服务业从业人员数的结果进行分析，该指标排名前 10 如表 5.5 所示。

表 5.5　中介机构指标排名

排名	城市	分数
1	北京	0.858
2	上海	0.813
3	深圳	0.618
4	广州	0.197
5	成都	0.193
6	杭州	0.177
7	天津	0.112
8	重庆	0.096
9	南京	0.072
10	宁波	0.067

　　从创新投入评价综合排名可以看出，北京、深圳总投入特别大，上海、广州次之，成都、南京、杭州、重庆适中，武汉、天津投入位列第 9 和第 10。分析其原因：首先，北京聚集了优秀的大学生，科研资源发达；其次，北京作为首都，政策优惠力度大，能吸引众多资金来参与，再加上中介种类丰富，创新和前沿研究有 VC 和 PE 跟投；再次，北京的企业创新积极性较高，以中关村为代表的创新园区和依托大学建立的高新企业都有重要的创新创业环境。

　　从创新要素投入结果来看，深圳排名第 1，北京、上海次之，广州和南京适中，武汉、杭州和成都开始下降，重庆、郑州相对较低。深圳作为创新之都，近些年在创新投入方面逐渐加码，不断出台吸引人才的政策。同时，深圳作为金融和贸易城市，是风险投资集聚地，吸引了不少资金来投入城市创新事业。

　　从创新主体投入结果来看，广州排名第 1。随着粤港澳大湾区的推进，广州在推动产、学、研、政一体化方面，投入力度逐渐加大。不断有科研机构在广州落地。广州的高新技术企业排名第 1，高新技术企业需要高水平的科研人员的加入，并且需要大量的科研资源的投入；同时高新技术企业依托高校和科研机构，数量大，科研机构支出额巨大。

　　从中介机构投入结果来看，北京排名第 1，主要是大多企业总部设立在北京，方便 VC/PE 融资，另外北京人口基数大，租赁和商业服务业从业人员这一指标排名靠前，在创新的分解作用方面凸显优势。

5.3 城市创新生态系统创新过程评价

5.3.1 创新过程综合排名

创新过程部分的总排名是对二级指标信息流转机制、融资机制、人才激励机制排名的加权汇总，表 5.6 为在创新过程评价中表现最佳的 10 个城市。

表 5.6 创新过程评价综合排名

排名	城市	分数
1	北京	0.740
2	上海	0.569
3	深圳	0.500
4	广州	0.492
5	杭州	0.355
6	南京	0.321
7	宁波	0.256
8	天津	0.227
9	成都	0.218
10	重庆	0.181

5.3.2 信息流转机制指标排名

信息流转机制衡量的是科技知识在地区内部各主体间循环流转的程度，该指标排名前 10 如表 5.7 所示。

表 5.7 信息流转机制指标排名

排名	城市	分数
1	广州	0.693
2	北京	0.674
3	深圳	0.565
4	南京	0.394

续表

排名	城市	分数
5	宁波	0.334
6	杭州	0.288
7	成都	0.252
8	上海	0.230
9	合肥	0.206
10	长春	0.199

5.3.3　融资机制指标排名

　　融资机制衡量了城市创新服务的水平及城市创新环境是否适宜创新行为，该指标的前 10 如表 5.8 所示。

表 5.8　融资机制指标排名

排名	城市	分数
1	上海	0.803
2	北京	0.688
3	杭州	0.300
4	深圳	0.203
5	广州	0.132
6	南京	0.127
7	昆明	0.089
8	天津	0.079
9	成都	0.078
10	西安	0.069

5.3.4　人才激励机制指标排名

　　人才激励机制衡量的是城市对创新的根本——"人"的重视程度，该指标下排名前 10 的城市如表 5.9 所示。

第五章　城市创新生态系统：效率

表 5.9　人才激励机制指标排名

排名	城市	分数
1	北京	0.880
2	上海	0.785
3	深圳	0.711
4	广州	0.583
5	杭州	0.500
6	天津	0.447
7	南京	0.419
8	宁波	0.350
9	重庆	0.318
10	成都	0.313

在创新过程的排名中，北京以 0.740 的分值位列第 1 名，远高于其他城市，这说明北京的创新调节机制要优于其他城市。首先，北京作为全国政治、文化、教育和科技中心，汇聚了大量的高校及科研机构，并以高校及科研机构为依托，形成了以"中关村国家自主创新示范区"为中心，向北京各区辐射的创新试验田和产、学、研合作的重要基地，为企业创新提供了良好的环境，增加了企业与高校及科研机构的良性互动，加速了科技成果向生产力的转化。其次，北京作为首都，具有天然的政策优势，吸引了大量的资金和人才，利于创新调节机制最大程度的发挥。因此，在创新过程的排名中，北京的优势地位是符合实际情况的。

从区域角度来看，东部经济带的创新过程排名明显高于中部及西部城市，排名前 10 的城市分别为北京、上海、深圳、广州、杭州、南京、宁波、天津、成都和重庆，其中 8 个城市位于东部经济带，中西部排名靠前的城市有成都和重庆，且排名在最后 2 位，得分仅为北京的几分之一，这说明东中西部城市在创新过程方面的地区差异很大。

在信息流转机制方面，广州排名第 1，广州在规模以上工业企业设立研发机构的个数和司法透明度方面排名第 1。北京的企业与科研机构之间相互科技支出之和以及科研机构之间的科研支出在 35 个城市中处于领先地位，但在规模以上工业企业设立研发机构的个数及司法透明度方面，北京的分值并不高。在融资机制方面，上海排名第1，主要是银行等金融机构对创新型企业或行为发放贷款、提供资金的增量（万元）指标上排名第1；北京排名第2，在风险投资/私募股权投资融资总批量金额和风险资本发展程度（创收市场投资情况）这两个指标上表现好于上海，而在银行等金融机构对创新性企业发放贷款和提供资金的增量这一指标落后其他城市。另外，值得关注的是，资金除了在东部经济发达地区聚集之外，也逐渐放眼于中西部城市，这符合我国支持中西部经济发展的发展战略。在人才激励机制方面，北京在35个城市中表现最优，以北京作为求职意向城市的本科及以上求职人员和本科及以上求职人员的平均期望薪酬都排名第1。另外，在人才激励机制方面，东部城市表现仍优于中西部城市，排名前10的城市中，只有成都及重庆两个城市入选，这说明东部经济发达地区对人才的吸引力要远大于中西部地区，如不及时、合理地解决这一问题，很可能使中西部的创新及经济发展陷入恶性循环。

5.4 城市创新生态系统创新产出评价

5.4.1 创新产出综合排名

创新产出指标反映了创新产生的经济和社会效益，创新产出总排名是对子指标生产力水平、创建利基市场能力得分的加权汇总，表5.10为我们列出了在创新产出的评价中，表现最佳的10个城市。

表 5.10　创新产出评价综合排名

排名	城市	分数
1	深圳	0.758
2	北京	0.739
3	广州	0.677
4	上海	0.607
5	杭州	0.335
6	南京	0.262
7	天津	0.244

续表

排名	城市	分数
8	成都	0.223
9	重庆	0.209
10	武汉	0.170

5.4.2　生产力水平指标排名

生产力水平衡量的是创新的交付能力以及经济效率水平，该指标排名的前 10 位如表 5.11 所示。

表 5.11　生产力水平指标排名

排名	城市	分数
1	北京	0.521
2	深圳	0.424
3	广州	0.355
4	上海	0.354
5	天津	0.156
6	杭州	0.156
7	成都	0.136
8	重庆	0.127
9	南京	0.119
10	宁波	0.106

5.4.3　创建利基市场能力指标排名

创建利基市场能力指标衡量了城市创新生态系统的多样性及价值创造能力的均衡性，该指标下排名前 10 的城市如表 5.12 所示。

表 5.12　创建利基市场能力指标排名

排名	城市	分数
1	深圳	0.533
2	广州	0.523

续表

排名	城市	分数
3	上海	0.394
4	杭州	0.329
5	北京	0.299
6	南京	0.227
7	武汉	0.152
8	成都	0.136
9	天津	0.125
10	厦门	0.125

从创新产出的综合排名来看，深圳排名第 1，得分为 0.758，北京排名第 2，得分为 0.739。得分明显高于排名第 3 的广州和第 4 的上海。在创新方面，深圳具有明显的优势，首先，深圳被称为"创新之都"，吸引了大批的创新人才和高新技术企业；其次，深圳加大补贴力度，出台了很多吸引人才的政策和对创新企业的补贴；再次，深圳是风险投资集聚地，创新前沿领域的研究不缺资金，且配套设施齐全，创新产业链完整。在深圳，涌现了一批诸如"华为""大疆""腾讯"等优秀的民营创新企业。另外，创新产出指标是考察创新对经济、社会的最终影响，创新驱动发展最终体现为整体经济水平的提升，所以一些指标反映了全社会的经济水平。深圳的 GDP 发展一直走在全国的前列，从这个角度看，深圳的创新产出排名全国第 1 是有根据的。

从区域角度来看，东部的创新产出水平明显高于西部地区，排名前 10 的城市中，有 8 个城市位于东部沿海地区。大部分西部城市处于后 10 名，排在最后 3 名的城市分别为呼和浩特、西宁和兰州，且西宁得分只有 0.003，可见国内创新的地域差距相当大。传统产业聚集的城市，如太原等地，创新产出均不理想，处于 35 个城市的后 10 名中。

从生产力水平来看，北京的生产力水平处于 35 个城市中的领先位置，深圳和广州分值与其相差很小，基本持平，上海排名第 4。北京在专利授权数量、注册商标数量、技术合同成交额三个指标上面处于领先位置，这与北京的规模大有直接关系。

从创建利基市场能力来看，深圳、广州排名表现最佳，主要是在高新技术产品的收入方面，深圳和广州的分数仅次于北京和上海两个直辖市，反映出高科技产品主要集中在珠三角地区。杭州得分高于北京，主要表现在电商发展指数上，杭州排名第一，这主要与阿里巴巴有关，阿里巴巴是国内电商的龙头企业，对杭州的利基市场发展起了很大的作用。

5.5　城市创新生态系统创新效率对比

5.5.1　总体分析对比（见图 5.1～图 5.4，表 5.13）

（1）总体上看创新效率变化不大，创新效率分布于中间的个别城市有所提高

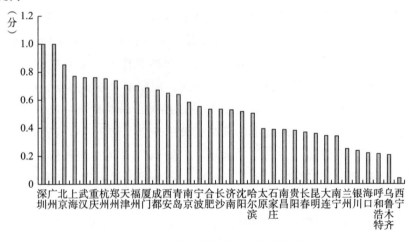

图 5.1　2019 年城市创新生态系统创新效率

根据城市创新生态系统创新效率 2016 年的数据结果（见图 5.2），排在前 3 位的城市分别为深圳、广州、北京，这三个城市的创新生态系统创新效率明显高于其他城市，整体呈均匀下降的趋势。11.43% 的城市创新效率在 0.80 以上，28.57% 的城市创新效率在 0.60～0.80 之间，31.43% 的城市创新效率在 0.40～0.60 之间，17.14% 的城市创新效率在 0.20～0.40 之间，11.43% 的城市创新效率在 0.20 以下。从图 5.2 来看，可以将 35 个城市划分成五个梯队，深圳、广州、北京、杭州位于第一梯队，上海、宁波等 10 个城市位于第二梯队，太原、重庆等 11 个城市位于第三梯队，哈尔滨、石家庄等 6 个城市位于第四梯队，海口、银川、呼和浩特、西宁 4 个城市位于第五梯队。

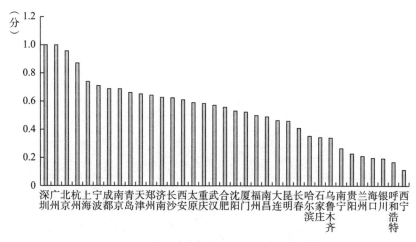

图 5.2　2016 年城市创新生态系统创新效率

鉴于 2019 年城市创新生态系统创新效率总体分析结果已在前文讨论（见 4.1.3 小节），此处将不再赘述。从图 5.3 创新生态系统创新效率对比可以发现，2016 年和 2019 年城市创新效率排名结果变化不大，创新效率分布于中间的个别城市有所提高，如重庆、武汉、厦门、福州等。

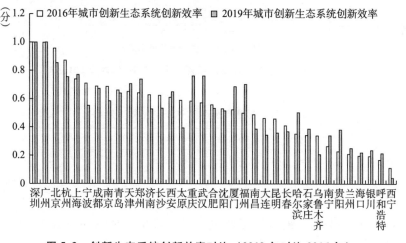

图 5.3　创新生态系统创新效率对比（2019 年对比 2016 年）

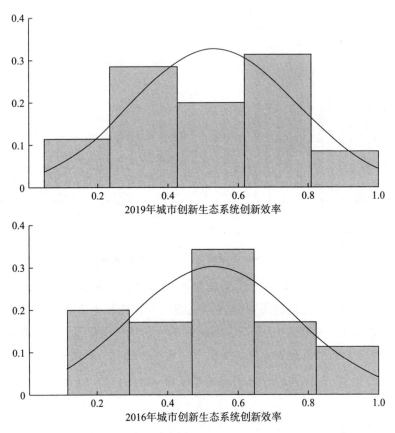

图 5.4　创新生态系统创新效率直方图（2019 年对比 2016 年）

表 5.13　城市创新生态系统创新效率对比

	0.8 ~ 1 分	0.6 ~ 0.8 分	0.4 ~ 0.6 分	0.2 ~ 0.4 分	0.0 ~ 0.2 分
2016 年	11.43%	28.57%	31.43%	17.14%	11.43%
2019 年	8.57%	31.43%	20.00%	37.14%	2.86%

（2）创新效率区间的差距拉大，创新效率低的城市占比减少（见表 5.13、表 5.14）

2016 年城市创新生态系统创新效率的区间为 0.113 ~ 1，而 2019 年城市创新生态系统创新效率区间为 0.042 ~ 1。可见，城市创新生态系统创新效率区间的差距拉大。创新效率值低的城市 2016 ~ 2019 年占比逐渐减少。从表 5.13 可知，0.2 ~ 0.0 区间 2019 年城市占比为 2.86%，2016 年城市占比为 11.43%。低创新效率的城市占比数量显著减少，说明整体的城市创新效率有所提高。2019 年创新效率最低的城市是西宁，与创新效率最高的深圳相比差距有所缩小。

表 5.14　城市创新效率数据描述（2019 年对比 2016 年）

2019 年城市创新生态系统创新效率

```
        type:  numeric  (double)

       range:  [.042,1]                    units:  .001
unique values: 32                       missing .:  0/35

        mean:     .531
     std.dev:  .233281

 percentiles:        10%       25%       50%       75%       90%
                     .22      .359      .533      .707      .771
```

2016 年城市创新生态系统创新效率

```
        type:  numeric  (double)

       range:  [.113,1]                    units:  .001
unique values: 35                       missing .:  0/35

        mean:  .530257
     std.dev:  .234179

 percentiles:        10%       25%       50%       75%       90%
                    .197      .343      .558      .661      .871
```

（3）创新效率的偏离度有所下降，峰值向下幅度不大（见表 5.15）

从偏度来看，偏度衡量随机变量概率的不对称性，是相对于平均值不对称程度的度量。正态分布的偏度为 0，两侧尾部长度对称。本书中偏度 >0 分布具有正偏离，也称右偏态，此时数据位于均值右边的比位于左边的少，直观表现为右边的尾部相对于左边的尾部要长，因为少数变量值很大，使曲线右侧尾部拖得很长。2019 年与 2016 年相比偏度变小，说明概率密度函数右侧的尾部比左侧的长，表明创新效率的偏离度有所下降。

从峰度来看，因为正态分布的峰度（系数）为常数 3，均匀分布的峰度（系数）为常数 1.8。2019 年的峰度相比于 2016 年的峰度略有下降，但是下降幅度不大。

表 5.15　峰度与偏度值（2016 年对比 2019 年）

	均值	方差	偏度	峰度
2016 年	0.531	0.233	0.143	2.62
2019 年	0.530	0.234	0.059	2.45

5.5.2　城市创新效率的变化

（1）深圳创新效率依然领先

对比 2016 年，深圳依然是全国创新效率最高的城市。近两年，深圳又制定了全国首部国家创新型城市总体规划，出台《深圳国家自主创新示范区发展规划纲要》，打造对内可循环、可持续，对外具有强大集聚效应的综合创新生态体系。

从产业优势和科技创新分析。首先，深圳的产业优势明显，其结构合理、体量大，创新能力强，在互联网、通信、AI、机器人、物联网、生物医药、未来交通等领域都具有全球性龙头企业，专利申请量居国内前列。其次，深圳创新创业氛围浓，产业人才、创业政策、金融环境等方面都非常适合创业企业。再次，深圳也是吸引国际知名科技企业落户的中心，苹果、谷歌、空客、微软、高通、英特尔等知名企业均在深圳设立研发中心或实验室，未来将会有更多国际科技企业落户深圳，推动深圳成为全球科技创新中心。

（2）中西部地区创新效率增长不均衡

西部地区创新效率的提升主要得益于成都和重庆对创新资源的高效利用。随着新技术不断引进和产业链快速升级，成都和重庆地区的基础研究将被带动发展。中西部的基础设施建设水平迅速提升，打通了东中西部的资源流通渠道，提高了中西部创新资源配置能力，促进了中西部创新效率的提升，在中西部形成了像湖北、湖南、陕西、甘肃、重庆的中高创新效率中坚力量，带动着整个地区创新发展。但其中甘肃和陕西的创新效率仍然偏低，其他西部省（区）长期处在全国末位。

（3）东北地区创新效率整体呈下降趋势

东北地区的创新效率波动性较大，整体呈现下降趋势，下降幅度较大。其中哈尔滨垫底，大连稳定在中游水平，走势的波动性主要来源于沈阳，这在一定程度上说明了东北地区整体创新效率较低，同时创新系统也不够稳定。东北地区的"经济结构失衡""市场缺失""体制束缚""人口老龄化"等问题依然严峻，营商环境的恶化造成的"投资不过山海关"和人口持续外流造成的人才缺失等进一步减缓了经济的转型升级和放慢了创新发展的步伐。东北地区在新一轮振兴战略下应着重解决"制度路径依赖"问题，创造良好的市场化环境，完善创新生态系统，提高创新效率。

第六章　城市创新生态系统：健康性

本章对 35 个大中型城市的创新生态系统健康性进行了排名与分析。首先，对城市创新生态系统健康性进行了综合评价。与上一版的排名相比，本年度的排名变化不大，北京、上海、深圳等地表现依旧抢眼。其次，对健康性的创新驱动力（科技发展、企业家精神、市场竞争、政府驱动力）、创新组织力（开放性、竞合性、多样性、成长性）、创新资源潜力（科技资源、人力资源、基础设施资源）等细分指标进行了系统的排名。在个别分指标的排名中，有些城市较上一版表现突出，例如青岛、天津、银川等城市，体现了一定的异质性和地方发展特色。最后，还与 2016 年版健康性评价结果进行了对比，进一步讨论了各个城市指标排名结果的特征及其原因。

6.1　城市创新生态系统创新驱动力评价

6.1.1　创新驱动力综合排名

城市创新生态系统驱动力指标包括四个二级指标：政府驱动力、市场竞争驱动力、科技发展驱动力以及企业家精神，从多个角度反映了城市创新生态系统发展的驱动力量。从城市创新生态系统驱动力总体指标来看，排名前 5 的城市得分差异较大，分别为北京（0.95）、上海（0.92）、深圳（0.68）、广州（0.55）以及重庆（0.42）。大体来看，创新驱动力得分排名与各城市经济发展程度成正比，中西部城市排名均比较靠后。从前 5 名城市来看，与上一版相比，杭州从第 5 名下滑为本年度的第 7 名，被重庆取代。深圳在上一版中排名第 2，在本年度中下降 1 位，上海则上升 1 位，从第 3 名上升到第 2 名（见表 6.1）。

第六章 城市创新生态系统：健康性

表 6.1 创新驱动力指标排名

城市	分数	排名	城市	分数	排名
北京	0.95	1	济南	0.16	19
上海	0.92	2	沈阳	0.16	20
深圳	0.68	3	福州	0.13	21
广州	0.55	4	贵阳	0.12	22
重庆	0.42	5	长春	0.12	23
天津	0.38	6	南昌	0.11	24
杭州	0.36	7	哈尔滨	0.11	25
南京	0.35	8	石家庄	0.11	26
青岛	0.33	9	昆明	0.09	27
武汉	0.33	10	南宁	0.08	28
宁波	0.31	11	海口	0.08	29
成都	0.30	12	太原	0.06	30
厦门	0.26	13	银川	0.05	31
合肥	0.23	14	兰州	0.05	32
郑州	0.21	15	乌鲁木齐	0.04	33
西安	0.20	16	呼和浩特	0.04	34
长沙	0.17	17	西宁	0.01	35
大连	0.17	18			

6.1.2 科技发展驱动力指标排名

科技创新是一个城市创新生态的核心要素，从科技发展驱动力指标排名的情况来看，排名前 5 的城市分别是上海、北京、广州、深圳和重庆。上海和北京的得分比较接近，分别为 0.69 和 0.61，广州次之，得分为 0.52，从第 5 名重庆（0.39）开始，得分均低于 0.40。作为大数据产业快速发展的贵阳来说，以 0.20 分在 35 个城市中排第 11 名，不仅高于大部分中西部城市，也高于许多东部沿海城市的排名。与上一版排名相比，北京、上海、深圳三个城市仍处于前 5 名中，但天津和西安跌出了前 5 名，而广州、重庆进入前 5 名。杭州的排名由上一版的第 10 位上升为本年度的第 6 位，而武汉则从上一版的第 6 位下降到本年度的第 10 位（见表 6.2）。

第六章　城市创新生态系统：健康性

表 6.2　科技发展驱动力指标排名

城市	分数	排名	城市	分数	排名
上海	0.69	1	济南	0.11	19
北京	0.61	2	福州	0.11	20
广州	0.52	3	昆明	0.10	21
深圳	0.49	4	沈阳	0.10	22
重庆	0.39	5	大连	0.10	23
杭州	0.25	6	石家庄	0.10	24
成都	0.25	7	哈尔滨	0.08	25
天津	0.21	8	南宁	0.07	26
宁波	0.20	9	长春	0.07	27
武汉	0.20	10	南昌	0.07	28
贵阳	0.20	11	海口	0.05	29
西安	0.19	12	兰州	0.05	30
南京	0.17	13	乌鲁木齐	0.04	31
长沙	0.15	14	太原	0.04	32
合肥	0.14	15	呼和浩特	0.03	33
青岛	0.13	16	银川	0.02	34
郑州	0.13	17	西宁	0.02	35
厦门	0.12	18			

6.1.3　企业家精神指标排名

　　企业家精神是城市创新生态系统中最为活跃的因素，是整个城市创新活动的起点，缺乏企业家精神的城市必定是创新乏力的城市。这一指标由如下三级指标构成：新增市场主体数量、实际利用外资总额、营商环境。从城市企业家精神指标排名的情况来看，排名前 5 的城市分别是青岛（0.66）、北京（0.60）、南京（0.54）、上海（0.53）和深圳（0.53）。与上一版排名相比，在前 5 名城市中，青岛从第 8 位跃居本年度的第 1 位。重庆则从上一版排名的第 2 位下降为本年度的第 7 位。南京上升势头也比较明显，在本年度排名中位列第 3。北上广深四城市仍然排名靠前，名次较上一版略有改变（见表 6.3）。

表 6.3　企业家精神指标排名

城市	分数	排名	城市	分数	排名
青岛	0.66	1	郑州	0.21	19
北京	0.60	2	海口	0.18	20
南京	0.54	3	南昌	0.17	21
上海	0.53	4	福州	0.17	22
深圳	0.53	5	沈阳	0.16	23
广州	0.44	6	昆明	0.16	24
重庆	0.42	7	长春	0.16	25
杭州	0.40	8	兰州	0.15	26
天津	0.40	9	石家庄	0.15	27
宁波	0.38	10	太原	0.13	28
厦门	0.37	11	哈尔滨	0.13	29
武汉	0.37	12	乌鲁木齐	0.12	30
成都	0.31	13	贵阳	0.12	31
西安	0.29	14	呼和浩特	0.11	32
合肥	0.29	15	南宁	0.09	33
长沙	0.26	16	西宁	0.07	34
济南	0.25	17	银川	0.06	35
大连	0.23	18			

6.1.4　市场竞争驱动力指标排名

竞争是促进创新的重要驱动力量，通过优胜劣汰来保持一个城市、一个地区的创新动力。从市场竞争驱动力指标排名情况来看，在本年度排名前 5 的城市分别为北京（0.77）、上海（0.77）、深圳（0.51）、广州（0.35）和杭州（0.29），但前 5 名的城市得分差异较大，除了北京和上海得分相同之外，排名第 5 的杭州得分仅为 0.29 分。相比之下，其他排名较为靠后的城市得分差异不大。此外，竞争排名与城市经济规模呈现非线性关系。从得分及排名情况我们可以看出，部分经济总量较大的城市，如长沙得分为 0.14，排名为第 22 名，济南得分仅为 0.13，排名第 23 名，排名较为靠后，但这两个城市的经济总量要超过很多中西部城市。例如，银川排名第 21 名，高于长沙和济南。这表明，城市经济总量的规模影响有所下降，竞争的质量更加凸显（见表6.4）。

表6.4　市场竞争驱动力指标排名

城市	分数	排名	城市	分数	排名
北京	0.77	1	长春	0.15	19
上海	0.77	2	福州	0.14	20
深圳	0.51	3	银川	0.14	21
广州	0.35	4	长沙	0.14	22
杭州	0.29	5	济南	0.13	23
郑州	0.27	6	南宁	0.13	24
宁波	0.27	7	石家庄	0.12	25
天津	0.27	8	哈尔滨	0.12	26
武汉	0.26	9	贵阳	0.11	27
厦门	0.26	10	太原	0.10	28
重庆	0.23	11	呼和浩特	0.09	29
南京	0.22	12	海口	0.09	30
青岛	0.19	13	乌鲁木齐	0.09	31
成都	0.19	14	昆明	0.08	32
沈阳	0.19	15	兰州	0.08	33
大连	0.18	16	西安	0.08	34
南昌	0.16	17	西宁	0.08	35
合肥	0.15	18			

6.1.5　政府驱动力指标排名

政府驱动力这一指标从多个方面反映了政府公共服务供给水平和政府自身的特征，例如绿化覆盖率、公共图书馆、教育支出、城市道路面积等反映了基础设施等公共服务的供给水平，而司法透明度、政府透明度等则较好地反映了政府自身特征，这些因素对于构建良好的创新生态系统来说都具有重要作用。从本年度排名情况来看，位居前3名的城市包括北京（0.84）、上海（0.69）以及深圳（0.55）。中位数沈阳的得分为0.17分。这一指标得分情况与各城市的经济发展程度呈现高度相关性，经济较为发达地区的得分较高，得分较低的城市多为中西部城市。上一版排名前3的城

第六章　城市创新生态系统：健康性

市分别为北京、上海和广州，在本年度的排名中，深圳取代广州位列第3（见表6.5）。

表 6.5　政府驱动力指标排名

城市	分数	排名	城市	分数	排名
北京	0.84	1	长春	0.16	19
上海	0.69	2	大连	0.16	20
深圳	0.55	3	郑州	0.15	21
广州	0.42	4	福州	0.14	22
天津	0.41	5	长沙	0.14	23
重庆	0.37	6	昆明	0.13	24
南京	0.32	7	石家庄	0.12	25
成都	0.30	8	南宁	0.12	26
合肥	0.30	9	海口	0.11	27
武汉	0.30	10	贵阳	0.10	28
杭州	0.28	11	南昌	0.10	29
西安	0.24	12	银川	0.10	30
宁波	0.22	13	太原	0.10	31
青岛	0.20	14	呼和浩特	0.08	32
哈尔滨	0.19	15	乌鲁木齐	0.07	33
济南	0.18	16	西宁	0.06	34
厦门	0.17	17	兰州	0.05	35
沈阳	0.17	18			

6.2　城市创新生态系统创新组织力评价

6.2.1　创新组织力综合排名

城市创新生态系统创新组织力指标包括四个二级指标：创新生态系统开放性、竞合性、多样性以及成长性。从城市创新组织力总体指标来看，排名前5的城市都是经济总量较大的城市，分别为北京（0.75）、深圳（0.46）、上海（0.42）、天津（0.36）和广州（0.36）。第2~5名城市的得分较为接近，北京的得分远高于其他城市。大体来看，创新组织力得分排名与各城市经济发展程度成正比，东北地区以及中西部城市排名均比较靠后。与上一版的排名相比，北京、上海、深圳三个城市仍处于前5名中，但厦门和青岛从上一版的排名第2和第5，下降到本年度排名的第8和第14，位置被天津和广州取代（见表6.6）。

表6.6　创新组织力指标排名

城市	分数	排名	城市	分数	排名
北京	0.75	1	石家庄	0.14	19
深圳	0.46	2	重庆	0.13	20
上海	0.42	3	西宁	0.13	21
天津	0.36	4	福州	0.13	22
广州	0.36	5	沈阳	0.12	23
杭州	0.21	6	西安	0.11	24
长沙	0.20	7	贵阳	0.09	25
厦门	0.20	8	昆明	0.09	26
郑州	0.19	9	南昌	0.08	27
南京	0.18	10	海口	0.08	28
大连	0.18	11	长春	0.08	29
宁波	0.18	12	南宁	0.07	30
武汉	0.18	13	乌鲁木齐	0.07	31
青岛	0.18	14	哈尔滨	0.07	32
银川	0.15	15	太原	0.05	33
成都	0.15	16	呼和浩特	0.04	34
济南	0.14	17	兰州	0.04	35
合肥	0.14	18			

6.2.2　开放性指标排名

创新生态系统开放性指标包括外资及港澳台投资企业比例、高新区企业创汇能力、城市年净流入人口等指标。从城市创新生态系统开放性指标得分情况来看，排名前5的城市分别是天津（0.69）、上海（0.44）、深圳（0.43）、厦门（0.37）和北京（0.33）。与其他指标显著不同的一点是，北京的排名比较靠后，仅为第5名。显然，创新生态系统开放性与经济总量并没有强相关性。例如，海口的得分为 0.13 分，位居第 16 名，与其他指标相比排名较为靠前，济南的排名仅为第 24 名。上一版排名前 5 的城市分别为厦门、上海、深圳、天津和大连，与本年度排名相比变化较大，其中大连下降到第 8 名（见表 6.7）。

表 6.7　开放性指标排名

城市	分数	排名	城市	分数	排名
天津	0.69	1	沈阳	0.11	19
上海	0.44	2	石家庄	0.08	20
深圳	0.43	3	银川	0.08	21
厦门	0.37	4	成都	0.08	22
北京	0.33	5	乌鲁木齐	0.08	23
宁波	0.25	6	济南	0.08	24
广州	0.23	7	长春	0.07	25
大连	0.20	8	重庆	0.06	26
武汉	0.19	9	郑州	0.06	27
青岛	0.18	10	南宁	0.06	28
南京	0.17	11	昆明	0.06	29
福州	0.17	12	呼和浩特	0.05	30
杭州	0.16	13	太原	0.05	31
南昌	0.15	14	贵阳	0.05	32
西安	0.13	15	哈尔滨	0.04	33
海口	0.13	16	西宁	0.04	34
长沙	0.13	17	兰州	0.04	35
合肥	0.12	18			

6.2.3　竞合性指标排名

从城市竞合性指标排名情况来看，排名前 5 的城市分别是北京（0.91）、深圳（0.44）、广州（0.33）、上海（0.32）和成都（0.16）。北京的得分远高于其他城市，前 5 名城市得分差距非常大，第 4 名上海与第 5 名成都的得分差了一倍。可以看出，排名靠后的城市多为东北和西北地区的城市。上一版排名前 5 的城市分别为北京、上海、深圳、广州和南京，在本年度中南京排名下降为第 10 名，位置被成都取代（见表 6.8）。

表 6.8　竞合性指标排名

城市	分数	排名	城市	分数	排名
北京	0.91	1	合肥	0.07	19
深圳	0.44	2	西安	0.07	20
广州	0.33	3	郑州	0.07	21
上海	0.32	4	沈阳	0.06	22
成都	0.16	5	南昌	0.05	23
杭州	0.14	6	长春	0.05	24
武汉	0.13	7	南宁	0.05	25
青岛	0.12	8	贵阳	0.05	26
天津	0.11	9	兰州	0.05	27
南京	0.11	10	乌鲁木齐	0.05	28
长沙	0.10	11	石家庄	0.05	29
重庆	0.10	12	海口	0.04	30
宁波	0.08	13	太原	0.04	31
福州	0.08	14	哈尔滨	0.04	32
济南	0.08	15	西宁	0.04	33
大连	0.08	16	银川	0.03	34
厦门	0.08	17	呼和浩特	0.03	35
昆明	0.08	18			

6.2.4　多样性指标排名

城市创新生态系统多样性指标包括多个三级指标，例如高新技术企业数量、小微企业数量、教育法人单位数量等。从城市创新生态系统多样性指标来看，排名前 5 的城市分别是北京（0.83）、上海（0.37）、深圳（0.30）、广州（0.29）和长沙（0.25）。北京得分远高于第 2～5 名城市得分。北京、上海、广州在两版排名中都位于前 5 名，厦门和武汉在上一版中分别排名第 4 和第 5，但本年度排名跌落到第 25 和第 15，深圳和长沙取代厦门和武汉，本年度排名分别为第 3 和第 5（见表 6.9）。

第六章　城市创新生态系统：健康性

表 6.9　多样性指标排名

城市	分数	排名	城市	分数	排名
北京	0.83	1	大连	0.07	19
上海	0.37	2	石家庄	0.06	20
深圳	0.30	3	昆明	0.06	21
广州	0.29	4	沈阳	0.06	22
长沙	0.25	5	福州	0.06	23
杭州	0.25	6	长春	0.05	24
郑州	0.24	7	厦门	0.05	25
重庆	0.21	8	哈尔滨	0.05	26
南京	0.20	9	太原	0.04	27
天津	0.16	10	南昌	0.04	28
青岛	0.14	11	贵阳	0.03	29
成都	0.13	12	兰州	0.03	30
宁波	0.12	13	乌鲁木齐	0.03	31
南宁	0.12	14	海口	0.02	32
武汉	0.11	15	银川	0.02	33
合肥	0.10	16	呼和浩特	0.01	34
西安	0.09	17	西宁	0.01	35
济南	0.08	18			

6.2.5　成长性指标排名

从城市创新生态系统成长性指标排名的情况来看，排名前5的城市分别是银川（0.73）、西宁（0.73）、石家庄（0.54）、郑州（0.53）和济南（0.47）。北京位列最后1名，得分为0.05分。由于创新生态系统的成长性度量的是各个城市创新的潜力，因此创新已经较为成熟的城市排名较为靠后，例如上海得分就比较低，为0.14分。广州作为经济总量较大的城市，创新生态系统成长性得分则比较高，为0.42分，排第7名，高于其他经济总量较大的城市。与上一版比，本年度排名变化较大，上一版排名得分前5的城市分别为青岛、郑州、天津、乌鲁木齐和深圳。除了郑州之外，其余4个城市在本年度的得分排名都出现了显著下降（见表6.10）。

第六章　城市创新生态系统：健康性

表 6.10　成长性指标排名

城市	分数	排名	城市	分数	排名
银川	0.73	1	成都	0.22	19
西宁	0.73	2	乌鲁木齐	0.22	20
石家庄	0.54	3	宁波	0.21	21
郑州	0.53	4	南京	0.20	22
济南	0.47	5	杭州	0.20	23
大连	0.43	6	厦门	0.19	24
广州	0.42	7	太原	0.19	25
贵阳	0.41	8	呼和浩特	0.19	26
合肥	0.36	9	海口	0.19	27
沈阳	0.34	10	重庆	0.17	28
深圳	0.31	11	西安	0.16	29
长沙	0.30	12	上海	0.14	30
哈尔滨	0.26	13	南昌	0.13	31
武汉	0.26	14	天津	0.13	32
福州	0.25	15	兰州	0.12	33
青岛	0.24	16	南宁	0.11	34
昆明	0.23	17	北京	0.05	35
长春	0.23	18			

6.3　城市创新生态系统创新资源潜力评价

6.3.1　创新资源潜力综合排名

创新资源是城市创新生态系统发展进步的基础因素和必要条件，缺乏必要的资源条件将使得创新生态成为"无源之水，无本之木"。创新资源包括如下二级指标：科技资源、人力资源、基础设施。从创新资源排名来看，得分较为靠前的城市都是经济较为发达的城市，这些城市聚集了大量的科技人才、资金、技术等要素，例如上海（0.95）、北京（0.94）、深圳（0.74）。前 3 名差距不大，但从广州开始，其他城市的得分远远低于上海的得分。中西部城市无论从创新资源的存量还是流量上来看，都不能与东部城市相比，因此得分较低。只有西安排名较为靠前，以 0.25 分位居第

10。在上一版中得分排名前5的城市分别为北京、深圳、上海、广州和武汉。杭州在上一版的排名未进入前10，但在本年度排名第5，进步较快（见表6.11）。

表6.11 创新资源潜力指标排名

城市	分数	排名	城市	分数	排名
上海	0.95	1	沈阳	0.14	19
北京	0.94	2	厦门	0.13	20
深圳	0.74	3	石家庄	0.12	21
广州	0.51	4	福州	0.11	22
杭州	0.39	5	哈尔滨	0.11	23
成都	0.37	6	长春	0.10	24
重庆	0.32	7	昆明	0.10	25
武汉	0.31	8	南昌	0.09	26
天津	0.28	9	太原	0.09	27
西安	0.25	10	南宁	0.08	28
南京	0.25	11	兰州	0.08	29
郑州	0.21	12	贵阳	0.08	30
合肥	0.20	13	海口	0.07	31
宁波	0.17	14	银川	0.06	32
长沙	0.17	15	乌鲁木齐	0.05	33
青岛	0.16	16	呼和浩特	0.03	34
济南	0.14	17	西宁	0.01	35
大连	0.14	18			

6.3.2 科技资源潜力排名

科技资源包括专利数、规模以上企业研发支出、风险市场发展程度等指标，既反映了一个地区的科技资源投入，也反映了产出情况。从科技资源的排名来看，北京（0.97）当之无愧排名第1，上海（0.93）得分仅次于北京，由于深圳具有较多的高科技企业，如华为、腾讯等，得分也比较高（0.66），但与北京和上海的差距依然比较大。可以看出，相比其他指标，各城市科技资源的得分差异非常大，不仅前5名的差距很大，其他城市之间的得分差异也较大，例如排名第 15 的厦门得分为 0.08，第 20 名的南昌得分为 0.04。中西部地区城市与东部发达地区城市的得分悬殊。与上一版相比，前 3 名城市没有变化，天津和西安在上一版排名中分别位列第 4 和第 5，在本年度的排名中，天津的排名下降为第 6 名，而西安则下降为第 13，原位置分别被杭州和广州取代（见表 6.12）。

表 6.12　科技资源潜力指标排名

城市	分数	排名	城市	分数	排名
北京	0.97	1	福州	0.05	19
上海	0.93	2	南昌	0.04	20
深圳	0.66	3	沈阳	0.04	21
杭州	0.34	4	昆明	0.04	22
广州	0.32	5	太原	0.04	23
天津	0.21	6	哈尔滨	0.04	24
武汉	0.18	7	贵阳	0.03	25
南京	0.17	8	长春	0.03	26
成都	0.14	9	大连	0.03	27
重庆	0.13	10	石家庄	0.03	28
宁波	0.13	11	乌鲁木齐	0.02	29
合肥	0.12	12	兰州	0.02	30
西安	0.11	13	银川	0.02	31
青岛	0.09	14	南宁	0.02	32
厦门	0.08	15	呼和浩特	0.01	33
郑州	0.08	16	海口	0.01	34
长沙	0.07	17	西宁	0.01	35
济南	0.05	18			

6.3.3　人力资源潜力排名

人力资源包括如下三级指标：科研人员密度、在校大学生人数、高校教师数量、高新区高级职称人才密度等。从人力资源潜力的排名情况来看，高校以及科研院所较多的城市得分较高。成都（0.62）、北京（0.57）、西安（0.53）分列前 3 名。相比其他指标，西安在人力资源方面的得分较高，

第六章　城市创新生态系统：健康性

但其他西部地区城市得分较低，吸引人才、培养人才、留住人才等方面依然面临着严峻挑战。从总体情况看，各个城市人力资源得分差异较小，例如排名第18的兰州得分为0.30，与排名靠前的城市得分差距并不大。上一版排名前5的城市分别为广州、武汉、西安、北京和大连。而在本年度排名中，大连下降较为明显，成都进步显著（见表6.13）。

表6.13　人力资源潜力指标排名

城市	分数	排名	城市	分数	排名
成都	0.62	1	石家庄	0.30	19
北京	0.57	2	深圳	0.29	20
西安	0.53	3	长春	0.26	21
武汉	0.53	4	南昌	0.25	22
广州	0.49	5	银川	0.24	23
郑州	0.49	6	青岛	0.24	24
合肥	0.47	7	哈尔滨	0.24	25
上海	0.45	8	厦门	0.23	26
南京	0.41	9	昆明	0.21	27
大连	0.38	10	太原	0.20	28
天津	0.37	11	福州	0.18	29
长沙	0.35	12	贵阳	0.18	30
杭州	0.33	13	南宁	0.17	31
济南	0.31	14	宁波	0.16	32
重庆	0.31	15	乌鲁木齐	0.11	33
沈阳	0.31	16	呼和浩特	0.10	34
海口	0.30	17	西宁	0.04	35
兰州	0.30	18			

6.3.4　基础设施资源潜力排名

基础设施资源潜力由人均公共图书馆藏书数量、"互联网＋"指数、移动电话数量等指标构成。从本年度基础设施的排名来看，上海、深圳、北京、广州和重庆分列前5名，得分分别为0.73、0.72、0.60、0.59和0.49（见表6.14）。

第六章　城市创新生态系统：健康性

表 6.14　基础设施资源潜力指标排名

城市	分数	排名	城市	分数	排名
上海	0.73	1	福州	0.16	19
深圳	0.72	2	石家庄	0.15	20
北京	0.60	3	哈尔滨	0.15	21
广州	0.59	4	南宁	0.14	22
重庆	0.49	5	昆明	0.13	23
成都	0.45	6	合肥	0.13	24
杭州	0.33	7	厦门	0.12	25
武汉	0.28	8	长春	0.11	26
西安	0.25	9	太原	0.09	27
天津	0.24	10	贵阳	0.08	28
郑州	0.22	11	南昌	0.08	29
南京	0.20	12	乌鲁木齐	0.05	30
长沙	0.20	13	兰州	0.05	31
宁波	0.19	14	呼和浩特	0.04	32
青岛	0.19	15	银川	0.04	33
济南	0.18	16	海口	0.03	34
沈阳	0.17	17	西宁	0.02	35
大连	0.17	18			

6.4　城市创新生态系统健康性评价小结

　　城市创新生态系统健康性从总体上反映了各个城市的创新能力和资源情况，从创新驱动力、创新组织力以及创新资源潜力三个方面进行了度量。从各城市排名情况来看，北京、上海、深圳、广州、天津分列前 5 名，其他排名靠前的城市也多为经济较为发达的东部城市，排位较为靠后的城市则多为中西部地区城市。东北地区的沈阳、长春、哈尔滨排名均较为靠后，分别为第 20、23、25 名。总体来看，城市创新生态系统健康性排名与各地区经济发展程度呈现高度相关关系。

　　第一是创新驱动力指标。从指标构成来看，包括四个二级指标，分别是政府驱动力、市场竞争驱动力、科技发展驱动力、企业家精神，上述四

第六章　城市创新生态系统：健康性

个指标综合体现了创新的基本驱动力量。在本年度的排名中，北京在创新驱动力方面的得分依然领先其他城市（0.95），但与上一版排名相比，上海与北京的差距显著缩小了，而其他城市与北京的差距依然很大。尤其是中西部城市，不仅排名靠后，而且得分与东部城市的差距更为显著，例如排后9名的城市得分均低于0.1分。

第二是创新组织力指标。从指标构成看，创新生态的构建并不是简单的投入—产出关系，而是需要在具备一定特征的前提下实现不同创新主体和创新要素的合作和有机融合。例如，多样性往往是创新活动产生的重要环境条件，开放的城市体系则是促进创新要素流动的前提，为此，我们选取了开放性、竞合性、多样性、成长性四个指标来度量创新组织力。从2017年各城市排名情况来看，排名前5的城市都是经济总量较大的城市，分别为北京（0.75）、深圳（0.46）、上海（0.42）、天津（0.36）和广州（0.36）。北京的得分远高于其他城市。大体来看，驱动力得分排名与各城市经济发展程度成正比，东北地区以及中西部地区城市排名均比较靠后。与上一版的排名相比，北京、上海、深圳三个城市仍处于前5名，但厦门和青岛从上一版的排名第2和第5，下降到本年度的第8名和第14名，位置被天津和广州取代。

第三是创新资源潜力指标。从指标构成来看，我们从科技资源潜力、人力资源潜力以及基础设施资源潜力三个方面来度量创新潜力。从本年度得分情况来看，较为靠前的城市都是经济较为发达的城市，这些城市聚集了大量的科技人才、资金、技术等要素，例如上海（0.95）、北京（0.94）、深圳（0.74）。前3名差距不大，但从广州开始，其他城市的得分远远低于上海的得分。中西部城市无论从创新资源的存量还是流量上来看，都不能与东部城市相比，因此得分较低。只有西安排名较为靠前，以0.25分位居第10。在上一版中得分排名前5的城市分别为北京、深圳、上海、广州和武汉，杭州在上一版的排名未进入前10，但在本年度排名第5，进步较快。

总体而言，无论是创新驱动力、创新组织力以及创新资源潜力三个二级指标的得分和排名，还是各二级指标下的各个三级指标的得分和排名，都呈现高度的相关性（创新生态系统成长性这一指标与其他指标排名相反，中西部地区城市的排名较为靠前，东部城市靠后）。例如，具有较高的创新驱动力的城市，在创新组织力和创新资源潜力方面的得分和排名也较高。

第六章　城市创新生态系统：健康性

这一方面说明城市创新生态系统的确体现出"系统性"特征。一个具有良好创新生态系统的城市的优势体现在各个方面，相比之下，创新生态系统发育迟缓的城市的劣势也并非源于某个特定因素的欠缺。因此，创新生态系统的构建和发展是一个系统性工程。另一方面，各个指标得分和排名之间的高度相关性也意味着中西部城市对东部城市的追赶将会是一个长期的过程。虽然部分中西部城市开始大力引进人才、加强基础设施建设，但"木桶原理"告诉我们，城市创新生态系统不能存在短板，需要在系统层面进行改进，全面推动城市创新生态系统的发展。

第七章 城市创新生态系统：智慧性

前面章节已从智慧载体、智慧交互能力两个维度构建了包含 6 个二级指标、16 个三级指标的城市创新生态系统智慧性评价指标体系，并运用熵值法计算，对我国 35 个城市的创新生态系统智慧性进行了整体分析。本章进一步对各二级、三级指标逐一进行详细的排名和分析，并深入剖析形成各指标排名结果的深层原因，以期为城市选择未来的发展着力点提供指导。

7.1 城市创新生态系统智慧载体评价

7.1.1 智慧载体综合排名

城市创新生态系统的智慧载体指标综合排名情况如表 7.1 所示。

表 7.1 城市创新生态系统智慧载体指标排名

排名	城市名称	分数
1	北京	0.99
2	上海	0.71
3	武汉	0.52
4	广州	0.52
5	杭州	0.49
6	深圳	0.48
7	南京	0.48
8	西安	0.47
9	成都	0.46
10	郑州	0.41

智慧载体指标包含了人才储备和智慧设施两个维度的二级指标，从表

第七章　城市创新生态系统：智慧性

7.1 所示的评价结果来看，北京和上海两个城市的智慧载体得分遥遥领先，分别为 0.99、0.71，而排名在第 3 至 10 名的武汉、广州、杭州、深圳、南京等城市，得分与北京、上海相差较大。南京、西安两个城市之所以能入围前 10 名，是得益于人才储备指标的评价得分（排名分别为第 1、第 3），但是两者在智慧设施方面的发展存在明显的局限性，说明这两个城市所拥有的大量人才资源未能形成城市创新生态系统智慧性发展的有效推动力。较为瞩目的是郑州在智慧载体评价中的表现，得益于其在人才储备和智慧设施方面较为均衡稳定的发展（排名分别为第 13、第 10），郑州以 0.41 的得分挤进智慧载体指标的第 10 名。

7.1.2　人才储备指标排名

城市创新生态系统的人才储备指标排名情况如表 7.2 所示。

表 7.2　人才储备指标排名

排名	城市	分数
1	南京	0.73
2	北京	0.70
3	武汉	0.67
4	西安	0.63
5	兰州	0.60
6	长沙	0.58
7	济南	0.49
8	广州	0.47
9	南昌	0.46
10	合肥	0.45

从人才储备指标评价结果的排名情况来看，各城市的得分相对于智慧设施普遍偏低，其中排名第 1 的南京得分仅为 0.73，这得益于南京拥有较高的万人在校普通本专科学生数（原始数据标准化得分为 0.76）及研究生数（原始数据标准化得分为 0.99）。与南京不同，排名第 2 的北京，其万人普通本专科在校学生数偏少（原始数据标准化得分为 0.21），但万人在校研究生数（原始数据标准化得分为 1）及研发人员占比（原始数据标准化得分为 0.81）都很高。挤进前 10 的武汉、西安、长沙、济南、广州、合肥在万

第七章　城市创新生态系统：智慧性

人在校普通本专科学生数及研究生人数、研发人员占比三个方面的表现都
是较为均衡的，并未出现极端不均衡的情况。而兰州和南昌之所以能进前
10，很大程度上是受其万人在校普通本专科学生数及研究生人数较多的影
响，尤其是万人在校普通本专科学生人数偏多，而研发人员占比均较小，
指标之间的不均衡现象较为显著。经济较为发达的上海、深圳则是受制于
其较少的万人在校普通本专科学生数及研究生数而未能入榜前 10，而其突
出的智慧性排名结果反映了城市强大的人才吸引能力。从前 10 名的城市人
才储备得分可知，有 6 个城市的得分在 0.50 以上，其余得分也均在 0.40 以
上，可见以上城市的人才储备状况良好，但仍需着重加强储备人才的合理
利用。

7.1.3　智慧设施指标排名

城市创新生态系统的智慧设施指标排名情况如表 7.3 所示。

表 7.3　智慧设施指标排名

排名	城市	分数
1	北京	1.00
2	上海	0.80
3	广州	0.49
4	深圳	0.49
5	杭州	0.48
6	成都	0.46
7	重庆	0.41
8	武汉	0.39
9	天津	0.37
10	郑州	0.37

智慧设施包含信息化基础指数和百度搜索"ETC 怎么办理、ETC 办理、
ETC、ETC 官网"指数整体日均值两个指标。从表 7.3 所示的排名结果来
看，排名第 1、第 2 的北京和上海，其智慧设施建设及应用情况显著优于其
他城市。结合指标的原始数据可知，北京、上海无论是在信息化方面（包
含每百户接入互联网户数、每百人拥有移动手机数以及每万人拥有支付宝
账户人数三个指标），还是智慧交通方面，均有着较高的实践水平。排名第

3、第4的广州和深圳智慧设施得分不相上下，且从原始数据标准化得分情况来看，两者的信息化基础指数都明显高于百度 ETC 相关指数。而其余排名进入前 10 的城市，在两个指标的表现上都较为均衡。整体来看，排名前 10 的城市中只有两个得分在 0.50 以上，可见我国城市的智慧设施建设应用还普遍有待提高。

7.2　城市创新生态系统智慧交互能力评价

7.2.1　智慧交互能力综合排名

城市创新生态系统的智慧交互能力指标排名情况如表7.4所示。

表 7.4　智慧交互能力指标排名

排名	城市	分数
1	北京	0.84
2	上海	0.77
3	深圳	0.46
4	广州	0.37
5	杭州	0.32
6	天津	0.31
7	重庆	0.26
8	武汉	0.25
9	南京	0.24
10	西安	0.24

从表7.4可知，排名第1、第2的北京、上海智慧交互能力指标得分分别为0.84、0.77，其他城市则均在0.5以下，说明北京和上海的智慧交互能力显著高于其他城市。深圳、广州、杭州、天津的得分均在0.30以上，而其余城市则在0.20~0.30之间。可见，入围前10的城市在智慧交互能力方面的表现差异较大，绝大多数城市都需要进一步强化其交互能力。从城市地理位置分布情况看，前10名的城市中有7个位于东部地区，且排名普遍靠前，西部城市中重庆和西安入围，中部城市则只有武汉入围。可见，我国中、东、西部城市创新生态系统的智慧交互能力存在很大差距，均衡

发展能力有待提升。

7.2.2 知识转化推动力指标排名

城市创新生态系统的知识转化推动力指标排名情况如表 7.5 所示。

表 7.5 知识转化推动力指标排名

排名	城市	分数
1	北京	0.97
2	上海	0.31
3	杭州	0.28
4	深圳	0.27
5	广州	0.21
6	武汉	0.14
7	成都	0.14
8	南京	0.12
9	天津	0.12
10	合肥	0.11

由表 7.5 可知，排名第 1 的北京知识转化推动力指标评价得分为 0.97，是排名第 2 的上海得分的 3 倍多，且排名第 2 ~ 10 名的城市得分均在 0.10 ~ 0.30 之间，分数普遍较小，这与北京的情况形成鲜明对比。从知识转化推动力指标下的三级指标情况看，北京在信息技术行业风险投资/私募投资融资额上的表现遥遥领先于其他城市，进而拉大了与其他城市的得分差距。广州、成都、合肥的政府透明度指数得分较高，均在 0.9 以上，尤其以合肥最高，得分为 1，但这也未能填补其在信息技术行业风险投资/私募投资融资额较低带来的影响。整体来看，北京在知识转化推动力方面与其他城市形成两极分化的格局，信息技术行业风险投资/私募投资融资额高度集中在北京，此种"一枝独大"的情况妨碍不同地区城市的协调发展，有待更为合理地向其他城市扩散，缩减城市之间在此方面的不平衡发展态势。

7.2.3 交互活跃度指标排名

城市创新生态系统的交互活跃度指标排名情况如表 7.6 所示。

表 7.6　交互活跃度指标排名

排名	城市	分数
1	上海	0.95
2	北京	0.71
3	杭州	0.67
4	深圳	0.63
5	天津	0.62
6	南京	0.61
7	武汉	0.59
8	重庆	0.55
9	郑州	0.53
10	厦门	0.50

从交互活跃度指标的评价结果看，上海得分最高，为 0.95，北京紧随其后，但得分仅为 0.71，显著低于上海。但从整体来看，入围前 10 的城市，其交互活跃度的得分均在 0.50 以上。可见，各城市的交互活跃情况普遍较好，反映在具体三级指标上即各城市的政府网站交流指数和移动支付发展指数均表现较好，且两个指标得分最高的分别为南京和上海。从城市的地域分布情况看，前 10 的城市中有 7 个位于东部地区，中部地区入围的城市是武汉、郑州，西部城市则仅有重庆入围。

7.2.4　交互量指标排名

城市创新生态系统的交互量指标排名情况如表 7.7 所示。

表 7.7　交互量指标排名

排名	城市	分数
1	上海	0.80
2	北京	0.57
3	深圳	0.43
4	广州	0.34
5	天津	0.25
6	西安	0.23
7	重庆	0.19

续表

排名	城市	分数
8	南京	0.16
9	杭州	0.15
10	武汉	0.15

　　交互量指标包含学术会议交流论文数、技术合同成交额、高技术产品进出口贸易总额三个指标。从表 7.7 所示的评价结果来看，上海以 0.80 的得分位居第 1，而北京则以 0.57 的得分位居第 2，且得分在 0.50 以上的城市只有上海和北京。上海的学术会议交流论文数和高技术产品进出口贸易总额得分均为 1，其技术合同成交额则仅为 0.36，相对偏低，北京则恰恰相反，其技术合同成交额得分最高为 1。得分在 0.30 ~ 0.50 之间的城市仅深圳和广州，且两者的高技术产品进出口贸易总额得分显著高于学术会议交流论文数和技术合同成交额的得分。其余城市得分则均在 0.30 以下，且最低为武汉，得分为 0.15。可见，各城市的交互量出现两极分化现象，得分最高与最低之间的差距过大。

7.2.5　交互速率指标排名

　　城市创新生态系统的交互速率指标排名情况如表 7.8 所示。

表 7.8　交互速率指标排名

排名	城市	分数
1	大连	0.93
2	上海	0.80
3	福州	0.69
4	重庆	0.66
5	天津	0.64
6	南昌	0.64
7	武汉	0.58
8	沈阳	0.57
9	青岛	0.57
10	杭州	0.57

交互速率指标涵盖高峰拥堵延时指数和忙闲时加权平均可用下载速率两个三级指标。从评价结果的排名情况来看，大连以0.93的得分位居第1，上海则以0.80的得分位居第2，虽然单看忙闲时加权平均可用下载速率这一指标，上海以1分位居第1，但上海的交通拥堵情况却比大连要严重。故而大连交互速率综合得分高于上海。福州、重庆、天津、南昌的得分在0.60~0.70，且其高峰拥堵延时指数与忙闲时加权平均可用下载速率得分相差不大，说明这四个城市的交通和网络运行情况都较为良好。武汉、沈阳、青岛、杭州的交互速率得分都在0.60以下，且其高峰拥堵延时指数得分显著低于忙闲时加权平均可用下载速率指标得分。入围前10名的城市得分都在0.55以上，可见这些城市在交互速率，尤其是网络下载速率方面的表现普遍较好。而北京虽然网络下载速率较高，但因较差的交通拥堵状况导致其未能入围前10名。

7.3　城市创新生态系统智慧性评价小结

将城市创新生态系统智慧性及各级各分指标评价得分及排名进行汇总得到表7.9。

表7.9　城市创新生态系统智慧性及各级分指标排名汇总

排名	智慧性		智慧载体		人才储备		智慧设施		智慧交互能力		知识转化推动力		交互活跃度		交互量		交互速率	
	城市	分数	城市	分数	城市	分数	城市	分数	城市	分数	城市	分数	城市	分数	城市	分数	城市	分数
1	北京	1.00	北京	0.99	南京	0.73	北京	1.00	北京	0.84	北京	0.97	上海	0.95	上海	0.80	大连	0.93
2	上海	0.83	上海	0.71	北京	0.70	上海	0.80	上海	0.77	上海	0.31	北京	0.71	北京	0.57	上海	0.80
3	深圳	0.51	武汉	0.52	武汉	0.67	广州	0.49	深圳	0.46	杭州	0.28	杭州	0.67	深圳	0.43	福州	0.69
4	广州	0.46	广州	0.52	西安	0.63	深圳	0.49	广州	0.37	深圳	0.27	深圳	0.63	广州	0.34	重庆	0.66
5	杭州	0.42	杭州	0.49	兰州	0.60	杭州	0.48	杭州	0.32	广州	0.21	天津	0.62	天津	0.25	天津	0.64
6	武汉	0.38	深圳	0.48	长沙	0.58	成都	0.46	天津	0.31	武汉	0.14	南京	0.61	西安	0.23	南昌	0.64
7	天津	0.36	南京	0.48	济南	0.49	重庆	0.41	重庆	0.26	成都	0.14	武汉	0.59	重庆	0.19	武汉	0.58
8	南京	0.36	西安	0.47	广州	0.47	武汉	0.39	武汉	0.25	南京	0.12	重庆	0.55	南京	0.16	沈阳	0.57
9	西安	0.35	成都	0.46	南昌	0.46	天津	0.37	南京	0.24	天津	0.12	郑州	0.50	杭州	0.15	青岛	0.57
10	成都	0.32	郑州	0.41	合肥	0.45	郑州	0.37	西安	0.24	合肥	0.11	厦门	0.50	武汉	0.15	杭州	0.57

第七章　城市创新生态系统：智慧性

智慧交互下的知识转化推动力和交互量两个分指标评价得分呈现显著的两极分化现象。由表7.9可知，与交互活跃度和交互速率评价得分不同，知识转化推动力排名第1的北京得分为0.97，而第10合肥为0.11。交互量排名第1的上海得分为0.80，第10武汉的得分为0.15。可见，两组城市的得分差距很大，究其原因主要是受信息技术行业风险投资/私募股权投资融资额和技术合同成交额这两个指标的影响。如根据Wind数据库及《国民经济和社会发展统计公报》得到的原始数据，北京2017年信息技术行业风险投资/私募股权投资融资额为82559.3亿元，而合肥只有1.26亿元，不同城市在信息技术领域对融资的吸引力具有极大的差距。

从入围前10名的城市看，智慧载体和智慧交互能力对城市智慧性的作用程度相当，从分指标到总指标的入围城市变动很小。智慧交互能力前10名的城市中只有重庆未入围智慧性排名前10，智慧载体中只有郑州未入围智慧性排名前10，可见重庆在智慧载体方面偏弱（排名第13），尤其是其人才储备得分仅为0.15，这是因为重庆的万人普通本专科在校生数、万人在校研究生数以及研发人员占常住人口比重均相对偏小。而郑州则在智慧交互能力方面（排名第15）相对较弱，二级指标知识转化推动力和交互量得分尤其少，反映在三级指标上，信息技术行业风险投资/私募股权投资融资额和技术合同成交额较少。

从智慧性及其分指标智慧载体和智慧交互能力的评价结果来看，得分在0.50以上的城市偏少。城市创新生态系统智慧性评价得分中，仅有北京、上海、深圳三个城市得分在0.50以上；智慧载体的评价得分中只有北京、上海、武汉、广州四个城市在0.50以上；智慧交互能力的评价得分中只有北京、上海两个城市在0.50以上。可见，整体而言，绝大多数城市创新生态系统的智慧性、智慧载体及智慧交互能力均有待进一步提高。

部分城市不同分指标上的表现存在明显的不平衡现象。通过对比表7.9中各二级指标和相应一级指标的评价结果可以得出，二级指标人才储备与相应一级指标智慧载体的入围城市差异最大。主要表现为人才储备排名前10的城市中只有南京、北京、武汉、西安、广州5个城市同时入围智慧载体排名前10，且排名第1的南京人才储备得分也仅为0.73，明显低于其他指标的最高得分，而其他6个城市均未入围智慧载体排名前10。

以合肥为例，其人才储备情况及知识转化推动力的评价得分均挤进前

第七章　城市创新生态系统：智慧性

10 名，但其智慧设施评价得分排名第 20，交互活跃度评价得分排名第 15。说明合肥虽然具备了较充足的人才储备，但因没有相应水准的智慧设施及智慧交互能力而导致其城市创新生态系统的整体智慧性难以有效提升。同样，兰州的人才储备得分排名第 5，这是因为兰州虽然在研发人员占比上不占优势，但其万人普通本专科在校学生数仅次于南昌，排名第 2，万人在校研究生数仅次于北京和南京，排名第 3。然而兰州在其他维度指标的表现上皆不能与其人才储备相匹配，说明兰州在"化人才为动力"方面表现欠佳。

杭州则恰恰相反，除了人才储备得分排名未进前 10 之外，其他维度的指标排名均在前 10。杭州的人才储备得分排名为第 14，从三级指标数据看，杭州的万人普通本专科在校学生数排在第 23 名，万人在校研究生数排在第 12 名，研发人员占比则排在第 8 名。可见，杭州自身的人才储备并不占优势。虽然杭州对外部城市人才的吸引力较强，但受其交互量（排名第 9）和交互速率（排名第 10）排名偏低的影响，其综合创新生态系统智慧性得分仅为 0.42，排名第 5。

从城市的区域分布看，除了人才储备指标，东部城市在其余指标的排名情况普遍好于中西部城市。由表 7.10 可知，东部城市入围人才储备评价得分排名前 10 的数量与中部城市相当，而西部城市则偏少。而其他指标排名前 10 的城市中，东部城市入围数量显著高于中西部城市。可见，东部城市虽然在人才储备上与中西部城市实力相仿，但在自身人才利用和对其他城市人才的吸引力上具备强有力的优势。具体从入围前 10 名的城市来看，西部地区的西安、成都、重庆，中部地区的武汉、郑州在智慧性分指标评价排名中脱颖而出。

表 7.10　东中西部地区城市入围各指标前 10 名的数量

	智慧性	智慧载体	人才储备	智慧设施	智慧交互能力	知识转化推动力	交互活跃度	交互量	交互速率
东部	7	6	4	6	7	7	7	7	7
中部	1	2	4	2	1	2	2	1	2
西部	2	2	2	2	2	1	1	2	1

第八章 典型城市创新生态系统分析

本章进一步选取西安、广州、武汉、哈尔滨 4 座具有示范意义的典型城市，具体剖析这些城市在创新生态系统建设方面的总体概况、存在问题及对策建议等，为其他城市创新生态系统效率、健康性、智慧性的提升提供可借鉴的经验。本书选择四个典型城市的具体理由如下。

第一是西安。西安作为西部地区极具代表性的文明古都，其智慧性排名入围前 10，但在创新效率、健康性方面则相对欠佳。西安的旅游业、军工产业历来较为发达，近年来正逐步加强科技发展，值此转型发展阶段，其在创新上的表现值得期待。第二是广州。随着《粤港澳大湾区发展规划纲要》的印发，广州参与共建粤港澳大湾区科技创新之城的进程在不断推进。对广州城市创新生态系统进行深入的剖析，有利于更细致地了解广州的具体创新情况，找出优势与不足，找到广州在大湾区创新领域的位置，更好地服务粤港澳大湾区的建设。第三是武汉。武汉近年来围绕国家中心城市建设，积极制定《武汉 2049 远景发展战略》，搭建多个国家创新基地，推进全面创新改革试验区高质量发展，一跃成为中部科技创新领先城市。总体来看，武汉创新生态系统的效率、健康性和智慧性都位列前 10，虽然和第一梯队的城市有一定差距，但是在中部地区城市中表现最为杰出。因此深入总结武汉的经验，将为中部其他城市的创新发展提供有益借鉴。第四是哈尔滨。哈尔滨是东北地区的代表城市。目前东北地区经济增长缓慢，人才流失的现象较为严重，同时面临着经济转型的压力，亟须以创新带动区域发展。哈尔滨在创新效率的排名较 2016 年上升 5 名，健康性的排名下降 1 名，对哈尔滨创新生态系统进行深入研究，一方面可以助力推动振兴东北地区等老工业基地战略，另一方面可以为其他面临经济转型的城市提供产业升级转型、营造发展环境、增强人力资本积累方面的经验。

8.1　西部创新潜力之城：西安

　　西安是世界历史名城，是古丝绸之路的起点。2016 年以来，西安紧抓"一带一路"发展契机，注重自身高质量发展，在出台《西安市 2016 年质量强市行动计划》的同时，积极开展"互联网＋内贸流通"行动，紧抓"丝绸之路经济带"，积极承办中国西部文化产业博览会。

　　西安定位于建成"全球硬科技之都"，国家发展改革委、住房城乡建设部则于 2018 年 2 月 7 日发布了《关中平原城市群发展规划》，该规划明确提出"建设西安国家中心城市"。至此，西安正式入选为继北京、天津、上海、广州、重庆、成都、武汉、郑州 8 个城市之外的第 9 个国家中心城市。为此，西安近年来不断进行创新制度体系的完善，优化创新环境，加大力度吸引高端资源向西安集聚。2018 年，西安市出台了《关于补短板实施创新能力倍增计划工作方案》、《国务院办公厅关于推广第二批支持创新相关改革举措的通知》（国办发〔2018〕126 号）、《西安市独角兽企业培育方案（2018－2021 年）》，其中提出要"力争用 5 年时间，使西安成为国家重要的科学原始创新中心、产业技术创新中心、创新环境和制度示范中心。到 2021 年，进入国家创新型城市前列，成为'一带一路'创新之都"。2019 年出台的《陕西省人民政府办公厅关于印发支持创新相关改革举措推广方案的通知》（陕政办发〔2019〕9 号），明确了以事前产权激励为核心的职务科技成果权属改革，并允许地方高校自主开展人才引进和职称评审。

　　可见，西安为实现高质量创新发展下了不少功夫，并直接或间接地影响着西安自身创新生态系统的发展。根据对西安创新生态系统的评价结果，其效率、健康性、智慧性呈现不同的评价结果，如表 8.1 所示。

表 8.1　西安城市创新生态系统效率、健康性、智慧性排名

维度	效率	健康性	智慧性
得分	0.649	0.242	0.351
排名	13	16	9

续表

一级指标	创新投入	创新过程	创新产出	创新驱动力	创新组织力	创新资源潜力	智慧载体	智慧交互能力
得分	24.780	12.740	12.540	0.124	0.077	0.053	0.467	0.242
排名	12	16	14	13	19	18	8	10

8.1.1　创新投入优势显著，但创新效率有待提高

西安在整体上的创新投入具备较大优势，尤其重视对创新人才的培养。从评价结果看，西安的创新投入排名第12，相对于大多数城市而言，创新投入的力度较大。西安尤其重视创新人才的培养，其人才储备评分相对较高。具体来看，西安的万人普通本专科在校学生数（排名第10）、教育业从业人员数（排名第9），以及地区网民在百度上搜索"创新""创业""融资"的平均值在35个样本城市中均排名靠前。可见，西安作为极具历史文化底蕴的古都，同时也是众多高校的聚集地，其在人才培养上积淀了很深的先天优势。此外，随着"一带一路"倡议稳步落地，西安迅速成为亚欧合作交流的国际化大都市，同时，作为全国第9个国家中心城市，西安对人才的吸附能力不断加强。西安通过实施人才新政，正逐步实现高端人才的涌入。但相对而言，高技术企业作为一个重要的创新主体，其在西安的发展仍缺乏集聚效应，西安的高技术企业数在35个城市中排名仅第28，相应的高技术产业主营收入量也排在第25名。为打造成为"硬科技之都"，西安需要进一步加强高技术产业的吸引力度，如此也有助于留下当地培养的人才，同时吸纳其他城市的人才。

西安的创新生态系统综合创新效率虽排名靠前，但相对于其在投入过程、投入产出方面的表现，仍有待提高。由表8.1可知，西安的效率排名第13，处于全国中上水平。相对于2016年的得分0.610、排名第14，西安的效率排名有所提高。但西安的创新过程排名第16，创新产出排名第14，相对于创新投入第12名的表现，创新过程和创新产出均略显偏低。具体来看，西安在信息流转机制、融资机制和人才激励机制方面的表现欠佳，尤其是企业与科研机构之间相互科技支出之和（排名第20），银行等金融机构对创新型企业或行为发放贷款、提供资金的增量（排名第27），规模以上企业研发机构中研究人员（排名第26）拉低了西安的创新过程。而上市企业营业收入（排名第24）、高科技产业的主营收入量（排名第25）以及电商发展

指数（排名第 15）则在很大程度上妨碍了西安创新效率的提高。可见，西安虽然一直在加大创新投入，但与创新效率直接相关的创新过程及创新产出才是更需要重点关注的点。

8.1.2　创新生态系统的环境和谐性较差

西安的创新生态系统健康性排名在 35 个样本城市中仍处于居中位置，但相比 2016 年出现了明显的下滑。如表 8.1 所示，西安创新生态系统健康性得分为 0.242，排在第 16 名，相对于 2016 年的评价结果（得分 0.359，排名第 12），出现了 4 个名次的下滑。其健康性综合指数下三个维度的一级指标，创新组织力排名第 19，创新资源潜力排名第 18，均落后于健康性总指标排名（创新驱动力排名第 13），这是由于其下二级指标中的竞合性和成长性指标的排名均较为靠后（竞合性排名第 20，成长性排名第 29），直接拉低了其健康性的综合评价结果。可见，西安的创新生态系统环境和谐性相对于其他维度的指标尤为欠佳，尤其是创新组织力与创新资源潜力层面亟须改善。

8.1.3　创新生态系统智慧性排名靠前，但仍存在大幅上升空间

相对于西安创新生态系统的效率、健康性，其智慧性表现最佳。由表 8.1 可知，西安的创新生态系统智慧性综合得分为 0.351，排在第 9，仅次于北京、上海、深圳、广州、杭州、武汉、天津、南京 8 个城市。智慧载体和智慧交互能力则分别排在第 8 名和第 10 名，可见两者之间的差距并不大。但是从各二级指标的表现看，西安的知识转化推动力（排名第 14）、交互活跃度（排名第 19）、交互速率（排名第 30）排名均较为靠后。追溯至三级指标可以发现，知识转化推动力下的三级指标"教育和科学技术支出占财政支出比重"（排名第 23）、"信息技术行业风险投资/私募股权投资融资额"（排名第 18）排名偏后，交互活跃度下的三级指标"政府网站互动交流指数"（排名第 24）、"移动支付发展指数"（排名第 15）及交互速率下的三级指标"忙闲时加权平均可用下载速率"（排名第 24）也相对偏低。可见，虽然西安创新生态系统的综合智慧性排名较为靠前，但仍有多个指标存在很大的上升空间。这就导致了西安创新生态系统的智慧性评价得分并不高，还未超过 0.50，与北京、上海的得分相比还有非常大的差距。可见，西安的创新生态系统智慧性仍存在很大的提升空间。

8.1.4　总结与建议

西安肩负着建设国家中心城市、建成"全球硬科技之都"的使命，近年来为实现这一目标，提升创新竞争力，西安致力于不断改革完善创新生态环境、优化创新体制机制，也因此取得了明显的成效。西安创新生态系统的效率得分由 2016 年的 0.610 上升为 0.649，排名也从第 14 提高至第 13。但不论是从效率、健康性还是智慧性的角度分析，西安均有需要进一步着力提升的方面。

第一，完善本地人才留下就业的体制机制，充分发挥人才储备优势。虽然西安具备非常强的人才储备优势，但以西安为就业意向城市的本科及以上求职人员的数量排名相对靠后，也就是说，西安培养出的毕业生人才，很大程度上流向其他城市，西安对此的付出并没有得到充分的回报。因此，西安要不断完善人才挽留政策，力求破解"为他人作嫁衣裳"的窘境，并同时加大对外地高级人才的吸引力度。

第二，加大对高技术企业的吸引力度。西安的制造业以国有企业为主，民营经济发展相对薄弱，高技术企业的占比更是偏低，高技术企业数排在第 28 名。西安要打造成为"全球硬科技之都"，需要加大力度吸引高技术龙头企业在西安落地，以此也能为优秀毕业人才提供更多当地就业的机遇。

第三，不断完善并升级信息化基础设施。西安作为旅游大市，对智慧交通、人机交互有着更强的需求。但西安在智慧交互能力层面上的发展并不乐观，如政府网站互动交流指数排第 23 名，而忙闲时加权平均可用下载速率则排在第 24 名。应加强城市智慧设施建设，提高政府网站互动交流及人机交互速率，并借助信息化移动通信技术手段改善西安的交通拥堵状况，提高市民出行效率。

第四，全面改善西安的城市宜居性。从评价结果看，西安的城市宜居指数排在第 22 名，这与西安建设国家中心城市的定位不甚相符。为加速实现西安的城市定位，西安需要综合提升其教育质量，加大对高新技术企业的吸引力度，提高职工工资待遇，完善城市法制治理环境及生态环境，补齐短板，提升西安在全国城市中的综合排名。

8.2 珠三角的重要支撑：广州

8.2.1 广州的总体创新概况

近年来，广州通过完善政策、优化环境、提升能力、健全服务等一系列措施，在扶持大众创业、万众创新方面取得了不错的成效，同时在粤港澳大湾区的建设中，广州占据得天独厚的优势。

从城市创新生态系统效率模式的评价结果来看，广州的综合创新效率在参加评选的城市中排名第2，仅次于深圳。无论是创新投入、创新过程还是创新产出，广州均名列前5名，这说明广州的创新成绩十分突出，值得关注及研究。从城市创新生态系统的健康性评价来看，广州的健康指数在35个主要城市中排名第4，其中创新驱动力、创新组织力和创新资源潜力分列第4、5、4位，这说明广州自身具备了比较良好的创新条件。从城市生态系统智慧性结果来看，广州的智慧性在参加评选的城市中排名第4，次于北京、上海、深圳。广州的智慧载体和智慧交互能力都排名第4，人才储备排名第8，智慧设施排名第3，知识转化推动力排名第5，交互活跃度排名第11，交互量排名第4，交互速率排名第19。

8.2.2 广州的创新现状

从城市创新生态系统效率的评价结果来看，广州的综合创新效率与深圳并列第1，都在 DEA 创新曲线的最优线上，创新效率突出。广州特色的创新发展路径主要体现在如下几个方面。

（1）创新投入、过程与产出同步均衡发展，创新效率表现突出

广州创新投入排名第4，创新要素投入要比深圳、北京和上海低，排名也是第4；但是广州高新技术产业集群创新的初始投入大，创新主体排名第1，这说明广州产学研政得到了很好的配合，尤其是高技术产业企业数排名全国第1。

广州创新过程排名第4。信息流转机制排名第1。在创新的融资机制方面，次于上海、北京、杭州和深圳，排名第5。随着粤港澳大湾区的建设，相信广州会在融资机制上发挥更大的优势作用。此外，广州在创新人才激励机制方面排名第4。这主要得益于广州一直鼓励高层次人才创新创业、鼓励高校院所人才创新创业。

广州创新产出排名第3。其中生产力水平排名第3，创建利基市场能力排名第2。从分指标来看，广州在上市企业营业收入指标和高科技产业的主营收入量指标上排名全国第1，商标注册数量指标也排名前列，专利授权数量排名第4，电商发展指数排名第3，仅次于杭州和深圳，排名相对靠前。

总体而言，在创新生态系统效率评价体系中，广州创新投入、创新过程、创新产出环节均衡发展，在创新主体指标方面和创新信息流转机制指标方面投入相对较高，创新产出相对也不低，仅次于深圳和北京，所以其创新效率排在 DEA 曲线的最优线上。

（2）创新生态系统的健康性方面有待提高

广州的创新生态系统健康性指数排名第4，处于第二梯队，明显落后于北京、上海、深圳。在分指标的结果中发现，广州的创新驱动力指数排名第4，落后于上海、北京、深圳；创新组织力指数排名第5，落后于北京、深圳、上海、天津；创新资源潜力指数位列第4，落后于上海、北京和深圳。

总体来看，广州的健康性相对较高，并且在分指标上平衡发展，创新组织力、创新驱动力、创新资源潜力虽然都不突出，但是没有短板，三个分指标平衡发展，这使未来的创新发展有很大的后劲。2018 年 12 月 29 日，广州市人民政府发布了《广州市人民政府关于进一步促进就业的实施意见》，共 9 大项内容，其中包括充分发挥中小微企业吸纳就业作用、促进以创业带动就业、重点抓好高校毕业生多渠道就业创业等创新创业的政策。尤其规定了以粤港澳青年为重点对象，加强粤港澳（国际）青年创新工场等面向粤港澳创业者的创业孵化平台建设；高校毕业生的就业创业补贴对象范围不再限定为本市生源或在穗高校毕业生，而扩大到符合条件的所有高校毕业生。

（3）创新生态系统的智慧性名列前茅

广州的创新生态系统智慧性指数排名第4，落后于北京、上海和深圳。在分指标中，智慧载体指标排名第4，落后于北京、上海和武汉；智慧交互能力指标排名第4，位于北京、上海和深圳之后。

总体来看，广州的智慧性相对较高，并且在分指标上都表现优异，智慧载体和智慧交互能力虽然都不突出，但是都在前 5 名，均衡发展。其他分指标方面，人才储备排名第8，智慧设施排名第3，知识转化推动力排名第

5，交互活跃度排名第 11，交互量排名第 4，交互速率排名第 19。在《广州市城市总体规划（2017—2035 年）》草案中，广州特别强调"智慧城市建设"，对自动驾驶、人工智能等新技术对城市发展的影响进行前瞻性展望，对智慧交通、智慧市政、智慧产业等智慧城市建设进行谋划。2020 年初出炉的《粤港澳大湾区发展规划纲要》中，还提出不仅要建世界级城市群，更要建智慧城市群。广州必将承接利好，迎来发展契机，在智慧城市建设方面走在全国前列。

8.2.3　广州的创新发展建议

（1）发挥自身优势，与周边地区实现创新协同

在城市创新生态系统的效率方面，广州与深圳并列排名第 1，都处于DEA 创新曲线的最优线上，但是在总量规模上还是稍显不足。建议广州应紧紧把握当前优势，加大投入的总量规模，优化创新机制，将创新产出最大化，充分发挥效率优势和自身的要素优势。与此同时，要注重与深圳相互促进、互通有无，共同带动广东省及珠三角地区的创新生态发展。特别是随着粤港澳大湾区的建设，广州应该抓住大湾区和"一带一路"倡议机遇，补齐科技创新短板，强化自主创新和现代制造业的地位，助推传统产业的转型升级；深化机制体制改革，实现地方高校科研转型升级；发挥土地资源多的优势，推动大型制造业的发展；主动引导本地企业对接研究机构的最新成果，形成研发共同体。

（2）努力建设更加健康的创新生态系统

虽然广州创新生态的健康性分数较高（高于 0.5 分），但仍位于参评城市中的第二梯队，与第一梯队城市（北京、上海和深圳）的得分有较大差距，因此应该从创新驱动力、创新组织力和创新资源潜力方面提高配置的合理性，尤其是需要提高市场竞争驱动力和科技发展驱动力，最大限度地发挥企业家精神，鼓励科技方面的创新创业，进一步扩大城市的开放性。加大对资本资源、科技资源、人力资源和基础设施的投入，提升城市的创新生态健康性程度。

（3）抓住区域优势，全力打造智慧城市

首先要加大智慧载体的投入规模，更加重视在人才储备、智慧设施方面调动各方面积极性，同时应该吸纳企业、社会参与智慧城市建设运营。政府则通过政策法规、总体规划和市场监管发挥引导和监督作用，以缓解

政府在智慧城市建设上的供给量、服务质量、资金、运营效率等方面的压力，同时激发市场活力、满足公众需求，鼓励和引导企事业机构、社会组织、公民个人等社会力量参与新型智慧城市建设。其次，要重视智慧交互能力的机制作用，在知识转化推动力、交互活跃度、交互量和交互速率方面重视智慧产出的机制机理，鼓励利用新媒体技术搭建动态化和机制化的交流平台，拓宽多元主体表达意见、提供决策支持的渠道，使公众与政府、公众内部、政府内部能频繁互动。加大广州市政府信息共享平台的建设力度，加快实现各类信息资源及业务功能的服务化封装和调度管理。打造城市数据汇聚和开放平台，在整合政府数据的基础上，逐步汇聚企业、互联网以及城市物联网数据，以广州市政府数据统一开放平台为基础，探索更加多元化的数据开放模式，以"数据资源"为动力激发大众创业、万众创新。发展和利用多层次的资本市场，设立多元化的引导基金和产业基金，促进学术界与企业之间的合作，着力打破产学研合作壁垒，推动知识在高校、科研单位、企业之间转化，以期打造动态、人本、全周期的新型智慧城市运营模式。

8.3　中部创新领跑新星：武汉

8.3.1　武汉的总体创新概况

近年来，武汉围绕建设国家中心城市，积极推进经济总量"万亿倍增"，聚力科技创新，在全国发展大局中的战略地位飞速上升。2018 年 4 月习近平总书记视察湖北时强调，新发展理念，创新是第一位。2019 年，湖北省《政府工作报告》提出，加快推进"一芯驱动、两带支撑、三区协同"的区域和产业布局，要求武汉全面提速存储器、航天产业、网络安全人才与创新、新能源和智能网联汽车四个国家新基地建设，争做国家产业创新中心。武汉市委十三届六次全会更是明确提出，要始终把创新摆在全市工作的核心位置，大幅拓展创新空间、大力提升创新能力，让创新真正成为各区各功能区发展的第一动力。在城市发展战略方面，武汉于 2012 年在全国率先编制了《武汉 2049 远景发展战略规划》；2016 年围绕城市总体规划工作，推出了"2020 年建成中部中心城市、2030 年建成国家中心城市、2049 年初步建成全球城市"的"三步走"战略，以重大战略引领城市稳步发展。在创新改革方面，2015 年，武汉被正式确定为全面创新改革试验区，随后密集出台了一系列推进城市创新高质量发展的政策举措，初步形成了区域科技创新体系，吸引海内外高端资本人才加速向武汉聚集，城市各类要素资源潜力加速释放。上述各类举措，为武汉城市创新生态系统的效率、健康性和智慧性的良好发展奠定了基础。

从城市创新生态系统的效率评价结果来看，武汉 2019 年的效率指数在 35 个城市中排名第 5，与 2016 年评价结果相比，排名上升了 12 名，其中创新投入、创新过程及创新产出分列第 9 名、第 13 名和第 10 名。结果表明，武汉近年来十分关注创新效率的投入与产出，促使效率显著提升。

从城市创新生态系统的健康性评价结果来看，武汉健康性指数排名第 8，相对于 2016 年评价结果前进 2 名，其中武汉的创新驱动力、创新组织力、创新资源潜力分列第 10 名、第 13 名和第 8 名。根据评价结果可以发现，武汉的健康性指数呈现向好趋势。

从创新生态系统的智慧性评价结果来看，武汉排在 35 个城市中的第 6 名，智慧载体指标排名第 3，智慧交互能力指标排名第 8。总体来看，武汉的城市创新生态系统各项指标在中部城市中均处于领先位置，在长江经济带和中部崛起中的核心带动作用日趋凸显，对于其他中部城市创新生态系统的发展起到模范引领作用。但是，与先进城市相比，武汉的智慧交互能力指数还存在差距，需要进一步向东部地区先进城市学习创新发展经验。

8.3.2　武汉的创新生态系统现状

（1）创新投入、过程、产出发展均衡，整体创新效率优势明显

通过对武汉创新生态系统效率的总结，不难发现，创新投入、创新过程、创新产出各项指数排名位次类似，徘徊于 10 名左右。虽然相对于北京、上海、深圳等大城市，武汉的创新效率分指标排名略微靠后，但得益于各项指标发展均衡，有效实现了创新要素间的高效协同与转化，最终促使武汉的创新效率总体排名结果靠前。在创新投入方面，武汉的创新要素投入排名第 6，创新主体、中介机构均在 10 名之外，有待提升。特别是政府透明度（第 18 名）、租赁和商务服务业从业人员（第 17 名）拉低了整体创新投入的排名。在创新过程方面，武汉表现较差，排在第 13 名。其中规模以上工业企业设立研发机构的个数排在第 17 名，司法透明度指数排在第 32 名，银行等金融机构发放贷款的增量排在第 17 名，是影响创新过程相对落

后的关键指标。在创新产出方面，武汉的生产力水平和创建利基市场能力分别排在第 12 名和第 7 名，商标注册数量（第 16 名）、上市企业营业收入（第 16 名）、高科技产业的主营收入量（第 13 名）是武汉需要重点关注提升的领域。

（2）创新资源潜力作用明显，创新组织力有待加强

武汉的创新资源潜力总体排名靠前，位于第 8 名，其中科技资源潜力（第 7 名）、人力资源潜力（第 4 名）、基础设施资源潜力（第 8 名）、各子指标发展均衡。这与武汉近年来推出一系列高质量发展相关的政策举措有密切关系，如招才引智"一把手工程"、招商引资"一号工程"，推荐国家四个新基地和"新两园"建设，探索"大学 +""大湖 +"新发展模式等。这些举措帮助武汉形成了较为完善的创新资源基础，加速汇聚了海内外高端资本和人才，为武汉创新生态系统的可持续发展奠定了基础。武汉的创新组织力排名相对较为落后，排名第 13。其中，多样性排名第 15，成长性排名第 14，开放性排名第 9，竞合性排名第 7。创新组织力是创新生态系统自我增值和演化的力量，是内生性增长的动力，关系到创新生态系统能否形成自组织演化。武汉虽然在创新资源潜力方面有较高的排名，但是其创新组织力水平不高，其创新生态系统内部的各项资源难以有效聚合和自组织演化，因而拉低了武汉整体的健康性排名。

（3）智慧性指数排名靠前，但细分指标仍然存在短板

首先，在知识转化推动力指标中，政府透明度指数排名第 18，交互活跃度指标中，政府网站互动交流指数排名第 28，这表明武汉市政府在创新生态系统智慧性中表现不佳，需要全面推进政府信息公开，提升政府网站互动交流活跃度。其次，武汉研发人员占常住人口比重和科协学术会议交流论文数排名分别为第 11、12 名。武汉作为中国四大科教中心城市之一，其本专科及研究生人数都位居主要城市前列，但研发人员占常住人口比重较为落后，这说明武汉仍需进一步制定更为吸引研发人员留汉就业创业的相关优惠政策。在注重人才培养的基础上，也应当要鼓励高校、科研机构等开展学术会议交流，提高论文产出的数量和质量，提高智慧交互量。最后，武汉在交互速率方面也有所欠缺，例如高峰拥堵延时指数排名第 14，这无疑拉低了武汉的智慧性排名。

8.3.3　武汉的创新发展建议

（1）提高对创新过程的重视

相较于创新投入、创新产出，武汉创新过程的排名最为落后。创新过程的优劣对武汉最终的创新产出结果至关重要。针对这一问题，有如下三点针对性建议。首先，加大对司法活动有关的各类信息公开，提升司法公信力。如庭审公开、法官信息公开、案件进度查询、网站公开裁决文书等促进司法活动透明度提升的举措。其次，鼓励企业加大科研投入，建立和引进研发机构。企业研发机构是武汉科技创新、科技进步的主要依托力量，也是武汉提升创新效率的重要途径。政府对于在武汉设立研发机构的企业给予政策上的倾斜和奖励，对于重要研发项目给予资金、资源的支持，对于研发机构引进的进口设备可给予进口关税、进口环节增值税的优惠政策。最后，鼓励金融机构提高中小微企业贷款中信用贷款的占比，解决中小微企业在创新过程中融资难、融资贵等问题。可以通过政府牵头，其他金融机构、市场主体共同参与的方式分担信用贷款的风险，并结合当地实际制定出台灵活多元的风险缓释政策。

（2）加快智慧交通的建设

高峰拥堵延时指数是反映城市智慧交互速率的重要指标，武汉这一指数仅排第 14 名，高峰时期城市交通拥堵问题是武汉需要重视的问题。武汉当前正处于快速发展时期，施工工地较多，道路通达性较差，这些都为交通管理带来较高难度。智慧交通通过大数据有效提高交通资源的利用率和公共交通的科学调度，减少高峰时段车辆聚集地区的车流量，提高交通通行顺畅度，是当前解决武汉高峰交通拥堵问题的重要途径。政府今后应加大智慧政务、智慧出行、智慧应急、智慧监管等方面的投入力度，积极搭建先进的智慧交通系统云平台，让武汉成为真正智慧互联、出行高效安全的创新型城市。

（3）加强对科技人才的培养与引进

科研人才是城市创新发展的原动力，武汉的研发人员占常住人口比重排名靠后，仅为第 11 名，这一要素相对阻碍了武汉创新发展的速度。武汉可通过项目集聚、产业集聚、人才集聚等方式吸引科研人才留汉工作，同时还需加大人才培养的投入力度，完善人才激励机制，优化科技人才创业就业的工作环境，为科研人才在汉工作生活提供全方位的保障。

8.4 亟待转型的老工业基地：哈尔滨

8.4.1 哈尔滨的总体创新概况

哈尔滨地处中国东北地区、东北亚的中心地带，是黑龙江省省会，黑龙江省政治、经济、文化中心，被誉为欧亚大陆桥的明珠。交通方面，哈尔滨是第一条欧亚大陆桥和空中走廊的重要枢纽；产业布局方面，哈尔滨是哈大齐工业走廊的起点，国家战略定位的沿边开发开放中心城市、东北亚区域中心城市及"对俄合作中心城市"。

从中国城市创新生态系统效率的评价结果来看，哈尔滨的创新效率在35个主要城市中排在第21名，二级指标的创新投入、创新过程、创新产出排名分别为第26、31、26。在创新效率中的各三级指标中，哈尔滨排名最高的是"万人教育业从业人员数"和"2017年银行等金融机构对创新型企业或行为发放贷款、提供资金的增量"，在35个城市中均列第12名。排名在21名之前的三级指标有"租赁和商业服务业从业人员数"（第14名）、"2017年科研机构之间的科研支出"（第17名）、"2017年技术合同成交额"（第17名）、"政府透明度"（第20名）、"风险资本发展程度"（第20名）。

在健康性方面，哈尔滨在35个主要城市中排在第26名，创新驱动力、创新组织力、创新资源潜力三个二级指标分列第25、32、23名。创新资源潜力分指标具体得分和排名见表8.2。排名较高的三级指标是"城市维护建设资金支出（第4名）、剧场与影剧院数量（第5名）、高新区高级职称人才密度（第8名）、企业数量增长率（第13名）、高新技术企业创汇能力（第14名）"，其他三级指标大都分布在中下水平，其中绿化覆盖率指标的排名最低，列第35名。

表8.2 哈尔滨创新资源潜力指标排名

名称	分数	排名
科技资源潜力	0.04	24
人力资源潜力	0.24	25
基础设施资源潜力	0.15	21

　　从智慧性的评价结果来看，哈尔滨的创新智慧性排在第 28 名。各三级指标大都排在中下游水平，其中排名最靠前的是"高峰拥堵延时指数"，列第 6 名，表明哈尔滨在交通高峰期间较为畅通。"万人在校研究生数"列第14 名，技术合同成交额列第 17 名，"万人普通本专科在校学生数""科协学术会议交流论文数""百度搜索'知乎网、知乎日报'指数整体日均值"，均列第 21 名。智慧性分指标得分和排名见表 8.3。

表 8.3　哈尔滨智慧性指标排名

名称	分数	排名
人才储备（人）	0.299	26
智慧设施（物）	0.142	25
知识转化推动力	0.066	26
交互活跃度	0.122	32
交互量	0.037	22
交互速率	0.486	17

8.4.2　哈尔滨创新生态系统的现存问题

　　从各项指标的排名来看，哈尔滨创新生态系统的现存问题如下。

　　一是创新环境还不能满足创新活动需要。哈尔滨已打造了基本的创新环境，高新区高级职称人才密度、普通高等学校专任教师数排名中等偏上，但万人科技支出仅列第 32 名，仍不能满足创新活动的需要。同时，企业从事科技研发的活动较少，规模以上工业企业科研机构数量列第 29 名，研发人员占常住人口比重、高技术产品进出口贸易总额均列第 30 名。这也与东北地区整体情况类似：一方面生产性服务业滞后，另一方面制造业缺乏精加工，传统产业现代化程度不高。

　　二是政府与市场的互动不足、市场体系建设不足。政府网站互动交流指数列第 33 名，教育和科学技术支出占财政支出比重列第 30 名，政府资金无法为创新提供有效支持。哈尔滨的科技企业成立时间较短、规模较小、资金有限；民营性质的中介机构又面临着初期融资困难、融资渠道不畅通等问题，导致科技中介服务体系不足。官方性质的科技中介机构又存在多头管理和政企不分等问题，导致技术需求对接困难。

　　三是对人才的吸引力较弱。受到东北地区整体经济下行的影响，哈尔滨对人才的吸引力不足，本土人才又流向其他地区，人才无法得到有效合理的配置，城市年净流入人口、职工平均工资、规模以上个体劳动者占比均列第 34 名，民用航空货邮运量指数、货运总量指数分列倒数第 5 名和倒数第 4 名。而地区的人才数量与人才结构又会影响当地经济，这种循环困境严重影响了哈尔滨的发展。

8.4.3 主要对策

近年来，哈尔滨提出了一系列与本地发展相对应的人才政策。同时，哈尔滨积极落实国家、省有关创新政策，搭建中小企业创新创业平台，构建大学生创新创业服务体系，以哈经开区、哈高新区为核心，助推创新创业服务功能提升，以简政放权、优化创业渠道为手段，推动体制机制创新[①]，哈尔滨创新基础设施建设进程突飞猛进。2019 年上半年，哈尔滨新增科技型企业 522 户，在吸纳就业人员、成交金额和授权专利数量等方面都实现了新的突破，松北区、南岗区、平房区的科技新城、孵化器园区持续建设，将进一步提升产业集聚水平。下一步，哈尔滨的主要方向应在于提升人才培养环境和科技转化能力，促进创新服务和创新中介市场化，在发挥优势产业作用的同时淘汰落后产能。

（1）人才培养环境和科技转化能力需进一步提升

对人才的投入是一个长期的过程。哈尔滨人才储备水平较高，部分院校拥有雄厚的师资力量和设备基础。在此基础上，哈尔滨应进一步培养人才，建立健全创新体系。首先，各地区利用各大专院校开设创新课程，通过课程、社会实践活动培养全面的创新人才。其次，利用行政手段，为高校和科研机构提供更多面向社会需要的自由和空间，消除科研人员的科研成果向企业转化的各项壁垒，为知识产权收益提供保障，建立知识产权服务机构，使科技研发与社会需求紧密结合。哈尔滨高新技术企业创汇能力排名第 14，应继续搭建高校与创业园区沟通的桥梁，推动以哈尔滨工业大学、哈尔滨工程大学等高校为依托的创新园区建设，推进军民融合，实现重大技术突破和成果产业化，提高科技创新的实际效果。

（2）促进创新服务和创新中介市场化

应继续完善现有的政策措施，建立健全创新环境服务体系。面对各地

---

① 丁继成：《创新创业服务体系建设研究——以哈尔滨市为例》，《学理论》2019 年第 8 期。

区创新创业环境存在的现实问题，有关部门应积极作为，为创新提供良好的环境。一是要提升公民的参与意识与参与能力，提升政府工作的宣传力度；二是要搭建公共技术平台，以政府投入为主，企业、行业组织和社会力量投入为辅搭建公共技术平台，为创新提供资金和技术支持；三是完善各项政策，在现有扶持政策的基础上，还要建立多元化的融资、减免和支持政策，推动企业创新发展。

（3）发挥优势产业作用

哈尔滨第三产业从业人员比重、租赁和商业服务业从业人员数排名较为靠前，应抓住知识经济背景，实现工业与服务业的进一步转型，发挥第三产业的优势，以资源状况、区位条件、生产要素配置、技术条件作为基础，以关联效应强、对区域发展带动作用大的产业为主导，改变原有产业结构不合理的状况，加强经济技术和人才交流，承接更多的国际、国内产业，使产业结构与人才结构之间形成良好的匹配。

第九章　年度观点：创新生态系统中的
城市群集聚效应

前文已对不同城市创新生态系统的效率、健康性和智慧性进行评估和
排名，并发现了城市创新生态系统发展不协调的现象。考虑到我国经济已
由高速增长阶段转向高质量发展阶段，城市群成为拓展国民经济发展空间、
助力发展动能转换的重要空间载体。在城市群中，单一城市的功能被不断
地延展、分割和重组，城市成为功能互补、强关联性系统中的一员，城市
间充分实现了创新资源、信息及知识的自由流动，进而形成复杂的城市群
创新生态系统。因此，本书认为创新生态系统中，城市群对城市子系统产
生重要影响。基于此，本书的年度观点将提出如下理念：城市群在创新生
态系统中发挥"集聚效应"。

9.1　研究基础

城市群的概念起源于 1957 年法国地理学家戈特曼（Gottmann）在 *Mega-lopolis* 中提出的"大都市带"理论，用以描述美国东北沿海众多城市绵延组
成的功能性地域。而后，以亨德森（Henderson）为代表的城市经济学家和以
克鲁格曼（Krugman）为代表的新经济地理学家等众多学者对城市群的形成机
制、模式特征和发展路径进行了系统化研究。中国关于城市群的研究起步较
晚，于洪俊和宁越敏首次将"大都市带"理论引入中国，随后引发国内学者
对城市群的理论和实证研究热潮。[1] 中国对于城市群的研究主要有如下三个
角度：一是围绕中国城市群概念划分与整体分布的研究，如苗长虹和王海

---

[1]　于洪俊、宁越敏：《城市地理概论》，安徽科学技术出版社，1983。

第九章　年度观点：创新生态系统中的城市群集聚效应

江①、姚士谋等②、黄妍妮等③；二是关于中国城市群形成机制和发展模式的研究，如赵勇④、邹丽萍⑤；三是对中国特定城市群空间结构与经济产业聚集的实证研究，如张旭亮和宁越敏⑥、梅志雄等⑦、王振坡等⑧众多文献对中国包括长三角、珠三角、京津冀在内的多个城市群进行了大量的实证研究。

我国城市群存在创新水平差异。毛琦梁、王菲指出，知识扩散的空间局限性使得区域创新发展具有明显的地方化特征，初始产业发展格局奠定了地区间获取知识能力差异性的空间基础，会导致地区间发展路径的不均衡。⑨ 焦敬娟等证明我国区域创新在空间上呈现两极分化，"东强西弱"的差异依然存在。⑩ 刘树峰等研究了京津冀、长三角、珠三角城市群内企业创新发展状况，证实中国企业创新在空间上经历了低水平均衡分布向沿海三大城市群快速集聚的过程，现处在局部集聚整体缓慢溢出阶段。⑪ 徐宜青等利用2001~2015年合作专利数据，论述了长三角城市群协同创新的发展过程，证实上海为辐射中心城市，南京、杭州为次级节点城市，宁波、杭州、上海、南京为节点的快速交通干道沿线城市构成了长三角城市协同创新能力最高的主轴，并由此向四周逐渐下降。⑫ 孔伟等对2016年中国区域创新生态系统竞争力进行评价，结果表明江苏、广东、北京位居中国区域创新生态系统竞

① 苗长虹、王海江：《中国城市群发展态势分析》，《城市发展研究》2005年第4期。
② 姚士谋、陈振光、叶高斌等：《中国城市群基本概念的再认知》，《城市观察》2015年第1期。
③ 黄妍妮、高波、魏守华：《中国城市群空间结构分布与演变特征》，《经济学家》2016年第9期。
④ 赵勇：《国外城市群形成机制研究述评》，《城市问题》2009年第8期。
⑤ 邹丽萍：《产业专业化、多样化对城市经济增长的影响》，《财经理论与实践》2012年第5期。
⑥ 张旭亮、宁越敏：《长三角城市群城市经济联系及国际化空间发展战略》，《经济地理》2011年第3期。
⑦ 梅志雄、徐颂军、欧阳军等：《近20年珠三角城市群城市空间相互作用时空演变》，《地理科学》2012年第6期。
⑧ 王振坡、翟婧彤、张颖等：《京津冀城市群城市规模分布特征研究》，《上海经济研究》2015年第7期。
⑨ 毛琦梁、王菲：《地区比较优势演化的空间关联：知识扩散的作用与证据》，《中国工业经济》2018年第11期。
⑩ 焦敬娟、王姣娥、程珂：《中国区域创新能力空间演化及其空间溢出效应》，《经济地理》2017年第9期。
⑪ 刘树峰、杜德斌、覃雄合等：《中国沿海三大城市群企业创新时空格局与影响因素》，《经济地理》2018年第12期。
⑫ 徐宜青、曾刚、王秋玉：《长三角城市群协同创新网络格局发展演变及优化策略》，《经济地理》2018年第11期。

争力综合排名前三甲，且东部省份是创新生态系统竞争力最强的地区。[①]

关于核心城市在城市群中的影响，马茹、王宏伟利用2007～2014年中国城市层面的数据对京津冀、长三角和珠三角三大城市群的创新非均衡特征进行了对比分析，证实中国城市群创新活动存在地区差异。京津冀城市群内部的创新差异较长三角城市群和珠三角城市群更为明显，中心城市的"虹吸效应"导致了创新人才的区域差距。[②] 周灵玥、彭华涛指出，京津冀、长三角城市群中心城市的涓滴效应逐渐显现，且不断加强，带动了周边城市创新发展，而珠三角、长江中游、成渝城市群中心城市对周边城市创新发展则以虹吸效应为主，大量的创新资源及要素向中心城市集中，在一定程度上减缓了周边城市创新发展的速度。[③]

9.2　城市群创新生态系统效应

9.2.1　城市群对区域经济发展的重要作用

城市群崛起是区域经济发展到一定阶段的重要标志，同时又对区域经济发展具有巨大带动作用。经济活动的集中和集聚多在城市中实现，发展到一定阶段，就逐步形成了城市群。城市群有利于促进要素自由流动，不断拓展市场边界；有利于形成规模经济，降低企业的生产成本和交易成本；有利于产生正外部性，促进知识溢出，促进创新；有利于在区域内形成合理的发展格局和健全的协调机制。城市群通过引领区域经济转型升级、资源高效配置、技术变革扩散，在增强区域经济活力、提升区域经济效率方面发挥着重要作用。[④]

城市群是工业化、城市化进程中区域空间形态的高级现象。党的十九大报告指出，以城市群为主体构建大中小城市和小城镇协调发展的城镇格局。当前，中国区域经济空间格局呈现从增长极引领到城市群和经济带支

---

① 孔伟、张贵、李涛：《中国区域创新生态系统的竞争力评价与实证研究》，《科技管理研究》2019年第4期。

② 马茹、王宏伟：《中国城市群创新非均衡性》，《技术经济》2017年第3期。

③ 周灵玥、彭华涛：《中心城市对城市群协同创新效应影响的比较》，《统计与决策》2019年第11期。

④ 中国社会科学网：《以城市群推动经济高质量发展》，http://www.cssn.cn/shfz/201808/t20180806_4524036_1.shtml，2019年10月12日。

撑的新态势。① 在新时代背景下，作为创新要素资源的主要集聚地，城市群要实现经济一体化的高质量发展，不仅要增强区域经济协调性，更应充分发挥创新"第一动力"作用，着力打造协同创新生态系统共同体。

9.2.2 城市群创新生态系统的机理与特征

创新生态系统能够整合区域不同主体的创新能力，促进区域内产业结构合理化，打造创新环境，并将区域创新转化为区域增长动力。城市群集聚了多样化的专业人才，以及大学、研究机构、资本、风险投资和各类用于知识交流的知识基础设施，并提供了大量潜在的合作伙伴。城市群能够促进空间、技术和组织邻近，并提供特定资源，产生知识溢出等外部性，集聚区域创新资源，形成创新网络。

城市群创新生态系统可以定义为：由城市群创新主体与区域创新环境组成，形成多维度的创新网络，并通过创新网络实现知识、信息、资金等要素的高效率流动，进而形成创新主体与创新环境高度共生、协同演化的具有生态系统特征的创新系统。其特征如下。

（1）时空关系下的分工体系

网络、交通等技术的发展促进了市场范围的扩张，推动分工水平的深化，进而促进城市群的分工。从地理分布上看，由于某项知识所具备的特殊功能使创新主体在技术、空间中占据主导地位，不同生产功能的分工与过程的分散化会进一步使创新主体形成分布和选址的空间结构，传统劳动密集型和资本密集型产业从城市中心向外扩散、从发达区域向欠发达区域扩散，而需要大量信息、提供知识型服务、彼此需要频繁交流接触的高端服务业或知识密集型产业逐渐向交通枢纽集聚。从知识流动上看，创新的每一个阶段都有不同的知识要求，一个成熟的城市群创新生态系统中，各城市、各部门、上下游产业之间分工明确，从而形成具有特定知识的创新组织。

（2）集聚效应明显

城市群中专业化集聚有利于提升创新绩效，促进创新活跃度。一个成熟的区域创新生态系统可以提供完整且高水平的基础设施，解决创新过程中的瓶颈问题，提高创新成功的概率。在这种自我强化的循环累积过程中，产业

---

① 孙久文、张可云、安虎森等：《"建立更加有效的区域协调发展新机制"笔谈》，《中国工业经济》2017 年第 11 期。

集聚可以保持创新活动的持久。具有专业化产业的区域中，地理邻近使知识更容易溢出，从而产生创新增强、生产率提高等外部性。[①] 而城市群要素集聚的通道也是创新的溢出通道，城市创新主体通过参与多边合作，建立城市间创新主体的要素分享机制，促进了城市群内部的溢出效应。

（3）拥有高效的反馈网络

稳定性是创新生态系统重要的特征。任何信息的时滞都可能给企业造成不可挽回的损失。创新主体在创新过程中，必须持续关注技术演进、市场变化等即时信息。宏观环境的最新信息反馈，无论是正反馈还是负反馈，都需要一种有效地整合并快速持续地提供给创新主体的机制。一个高度发达的区域创新生态系统应具备反馈功能，从而为创新提供较高的抵抗力和恢复抵抗力的能力。

创新生态系统中的创新网络为创新生态系统成员创造了共生条件，提供了灵活的关系选择与系统设计条件（Li，2009）。[②] 随着创新生态系统的形成，成员之间的关系由独立发展转向简单的合作，再由简单的合作转向系统的协同合作，最终实现共生演化（见图9.1）。随着创新生态系统中的成员组织与环境互动的增强，个体将有意识地与相关组织组成一个整体，同时强化生态系统总体的创新水平。伴随成员的共生演化，创新生态系统逐步由一个参与者转变为功能互补的组织社群（Moore，1993；Rong，2013）[③]，并最终创造出单一个体无法创造的价值（Rong，2018）。[④]

独立发展　——→　简单的合作　——→　系统的协同合作　——→　共生演化

图9.1　创新生态系统演化路径

城市群创新生态系统是由城市创新生态系统发展和演变而来（见图

---

① 宁军：《知识溢出与区域经济增长》，经济科学出版社，2008。

② Li Y. R. , "The Technological Roadmap of Cisco's Business Ecosystem", *Technovation*, 2009, 29（5）.

③ Moore J. F. , "Predators and Prey: A New Ecology of Competition", *Harvard Business Review*, 1993, 71（3）. Rong K. , Lin Y. , Shi Y. , et al. , "Linking Business Ecosystem Lifecycle with Platform Strategy: A Triple View of Technology, Application and Organisation", *International Journal of Technology Management*, 2013, 62（1）.

④ Rong K. , Lin Y. , Li B. , et al. , "Business Ecosystem Research Agenda: More Dynamic, More Embedded, and More Internationalized", *Asian Business & Management*, 2018（5）.

9.2），具备同样的生态模式。城市群创新生态系统中，城市是最主要的创新主体。每个城市从独立发展的状态逐步转向共生演化。城市内部的创新主体（包括企业、高校及科研机构、政府部门等）形成多主体联系紧密、交互演化的创新生态系统。随着创新网络发展，城市间形成了知识交流、产业互补、创新人员流动等生态，各种要素和不同行为方式在空间上的高度聚集和高强度的相互作用，产生各种新思想、新方法、新技术和新产品。城市中各种创新将导致城市内部创新主体数量的变化，再导致空间层面创新主体规模和数量的变化。城市内部结构不断完善，不断适应外部环境的变化，创新人员流动、新型产业出现、部分产业实现转移等现象不断出现，从而使城市群创新生态系统实现演变。

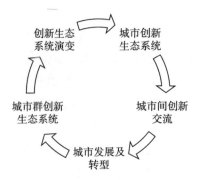

图9.2　城市群创新生态系统的演变

可见，城市群创新生态系统是通过创新生态系统中成员的自发组织、演变而来，城市中创新生态系统的效果最终作用于城市群。将城市的评价指标用于城市群，可以反映出城市群中各城市在分工、集聚和反馈网络下带来的创新效果。

9.2.3　城市群创新生态系统中核心城市的作用

城市群的形成与发展是伴随区域内工业化、市场化、现代化而来的。一般来说，先是核心城市形成，带动中心城市发展，再扩散辐射，促进周边城镇形成兴起，随后进一步调整各城市之间的关系，从而形成大的城市群落。这些城市功能上相互连接，围绕一个或几个核心城市集聚在一起。[1]

---

[1]　孙森、李嫒嫒：《论核心城市在城市群经济发展中的作用——兼论天津滨海新区对环渤海经济圈的带动作用》，《华北金融》2007年第12期。

通过对核心城市作用的梳理可知，核心城市对城市群创新生态系统的发展主要有三个作用：集聚、辐射和示范。[①]

（1）核心城市的集聚作用。核心城市可以更有效地聚集资源，形成资源配置的高效协同，进而带动自身城市的发展，并在资源协同的过程中拉动城市群内各城市的有效协作。

（2）核心城市的辐射作用。核心城市对城市群中其他城市有较强的辐射作用，通过与城市群中其他城市的各种资源的交换，能够带动周边城市的协同发展。核心城市在政治、文化、经济等各领域都具有更好的资源优势，与周边城市相比，区位往往更优越，与周边城市的联系方式更有效。以城市定位为基础的资源协作能够有效推动不同城市之间的价值共同成长，从而发挥辐射带动作用。

（3）核心城市的示范作用。核心城市通过创新传导发挥示范作用，在国家自主创新体系中，核心城市具备较多的创新要素，是创新体系的增长极和动力源。核心城市以经济区域为依托，通过调整产业结构、转变经济增长方式，带动区域经济共同发展，发挥对周边城市的示范作用。

9.2.4　城市群创新生态系统评价方法

对城市群创新生态系统的评价有耦合度计算和相似度计算两个角度。在一个经济区划下的区域创新系统中，有多个行政城市的产业互补、经济依存，其中核心城市在区域创新系统的发展中起到关键作用。区域创新通过集聚，增强创新合作的动力，实现"1＋1＞2"的耦合效应。分工功能定位往往沿经济带形成区段分布，经济带不同区段的创新能力和竞争力形成一定的互补性。

（1）耦合度计算

耦合度是两个或两个以上系统或系统内部要素相互作用而彼此影响的互动关系性的集中体现。耦合度重点强调系统之间或者系统内部要素的相互作用关系，并不对利弊进行区分。借鉴物理学中的容量耦合概念及容量

---

① 阎明：《核心城市在城市群建设中的地位和作用的研究》，硕士学位论文，西北大学，2009；张艳、程遥、刘婧等：《中心城市发展与城市群产业整合——以郑州及中原城市群为例》，《经济地理》2010年第4期。

第九章　年度观点：创新生态系统中的城市群集聚效应

耦合系数模型，得到子系统相互作用耦合度模型[①]：

$$C = 2 \times \left\{ \frac{\prod\limits_{1}^{n} U_n}{\prod\limits_{i<j} (U_i + U_j)^{\frac{1}{n+1}}} \right\} \tag{9.1}$$

其中，C 是耦合度；U_1，$U_2 \cdots U_n$ 为子系统的综合评价。C 的取值范围为 $[0, 1]$，C 值越大，表示各子系统的关系越接近良性共振耦合，区域创新生态系统趋于有序结构演化发展；反之，则表示子系统之间作用程度越小，系统趋于无序状态。

耦合度只能反映系统之间作用的强弱程度，而耦合协调度能够测量系统之间或者系统要素之间的整体协调效应或协同贡献程度，体现了协调状况好坏的程度。耦合协调度模型为：

$$T = a_1 \times U_1 + a_2 \times U_2 + \cdots + \alpha_n \times U_n \tag{9.2}$$

$$D = \sqrt{CT}$$

其中，D 为耦合协调度；T 为各自的调和指数；a_1、$a_2 \cdots \alpha_n$ 为待定参数，和为 1。

（2）相似度计算

耦合协调度能够测量城市群中各城市的整体协调效应或协同贡献程度，但无法体现各城市间更多是竞争还是协作，要利用相似度来考察城市之间的协调方式，判断各指标的比较优势。相似度计算依托于互补性。在对互补性的静态分析中，斯皮尔曼等级相关对数据条件的要求较低，只要两个变量的观测值是成对的等级评定，不论两个变量的总体分布形态、样本容量的大小如何，都可以用斯皮尔曼等级相关来进行研究。斯皮尔曼等级相关系数的计算方法为：

$$\rho = 1 - \frac{6 \sum d_i^2}{n(n^2 - 1)} \tag{9.3}$$

其中，ρ 代表斯皮尔曼等级相关系数，n 代表指标数量，d_i 为两地区各指标等级排名的差值。斯皮尔曼等级相关系数的变化范围是（-1，1），正

[①] 丛晓男：《耦合度模型的形式、性质及在地理学中的若干误用》，《经济地理》2019 年第 4 期。

数越大，代表两地区竞争程度越大、相似度越高；负数的绝对值越大，代表两地差异化程度越强。

本书利用斯皮尔曼等级相关系数计算城市群相似度的过程如下：①选取城市群中的核心城市，计算每个指标在所有城市中的标准化值；②单独对城市中各个指标进行排序，确定等级；③利用公式9.3进行计算。

9.3　典型城市群分析

9.3.1　我国主要的城市群及其分布

国家"十三五"规划纲要提出打造19个具有不同空间尺度与异质性特征的城市群，其中多数城市群范围跨省级行政区域，进而形成"两横三纵"新型城镇化发展的空间主骨架，改变原来由沿海到腹地的单一、线性层级空间格局对区域经济发展效率的制约。表9.1展示了我国主要城市群的基本构成及战略定位。本书从各主要城市群中选取了相应的代表性城市作为评价对象，并以选取的城市所对应的城市群为对象，对城市群的创新生态系统进行评价。

表9.1　我国主要城市群

城市群	简介	城市名单	样本城市
珠三角城市群	面积约5.62万平方公里 战略定位：中国城市群中经济最有活力、城市化率最高的地区，是中国乃至亚太地区最具活力的经济区之一	香港、澳门、广州、深圳、佛山、东莞、中山、珠海、江门、肇庆、惠州	广州、深圳
长三角城市群	面积约21.17万平方公里 战略定位：最具经济活力的资源配置中心，具有全球影响力的科技创新高地，全球重要的现代服务业和先进制造业中心，亚太地区重要国际门户，全国新一轮改革开放排头兵，美丽中国建设示范区	上海、南京、无锡、常州、苏州、南通、盐城、扬州、镇江、泰州、杭州、宁波、嘉兴、湖州、绍兴、金华、舟山、台州、合肥、芜湖、马鞍山、铜陵、安庆、滁州、池州、宣城	上海、南京、杭州、宁波、合肥
京津冀城市群	面积约21.5万平方公里 战略定位："以首都为核心的世界级城市群，区域整体协同发展改革引领区，全国创新驱动经济增长新引擎，生态修复环境改善示范区	北京、天津、石家庄、唐山、保定、秦皇岛、廊坊、沧州、承德、张家口、邯郸、邢台、衡水、定州、辛集、安阳	石家庄、天津、北京

续表

城市群	简介	城市名单	样本城市
成渝城市群	面积约 18.5 万平方公里 战略定位：全国重要的现代产业基地，西部创新驱动先导区，内陆开放型经济战略高地，统筹城乡发展示范区，美丽中国的先行区	成都、重庆大部、自贡、泸州、德阳、遂宁、内江、乐山、南充、眉山、宜宾、广安、资阳及绵阳、达州、雅安部分地区	成都、重庆
山东半岛城市群	面积约 7.3 万平方公里 战略定位：地处我国环渤海区域，山东省发展的重点区域，中国北方重要的城市密集区之一，黄河中下游广大腹地的出海口，同时是距离韩国、日本地理位置最近的省份	济南、青岛、烟台、淄博、潍坊、东营、威海、日照	济南、青岛
长江中游城市群	面积约 31.7 万平方公里 战略定位：中国经济新增长极，中西部新型城镇化先行区，内陆开放合作示范区，"两型"社会建设引领区	武汉、黄石、鄂州、黄冈、孝感、咸宁、仙桃、潜江、天门、襄阳、宜昌、荆州、荆门、长沙、株洲、湘潭、岳阳、益阳、常德、衡阳、娄底、南昌、九江、景德镇、鹰潭、新余、宜春、萍乡、上饶及抚州、吉安部分地区	武汉、长沙、南昌
海峡西岸城市群	面积约 27 万平方公里 战略定位：与台湾隔海相对，既是开展对台合作、促进和平统一的基地，又可在合作中加快发展。加快海峡西岸经济区建设，将进一步促进海峡两岸经济紧密联系，互利共赢	福州、厦门、泉州、莆田、漳州、三明、南平、宁德、龙岩、温州、丽水、衢州、上饶、鹰潭、抚州、赣州、汕头、潮州、揭阳、梅州	福州、厦门
辽中南城市群	面积约 8.15 万平方公里 战略定位：工业化起步已近 70 年，在工业化推动下形成了中部城市密集圈和沈大城市走廊。逐步形成了以沈阳、大连为中心，以长大、沈丹、沈山、沈吉和沈承五条交通干道为发展轴线的城镇布局体系，提高了地区城市化水平	沈阳、大连、鞍山、抚顺、本溪、辽阳、营口、盘锦、铁岭	大连、沈阳
哈长城市群	面积约 26.4 万平方公里 战略定位：东北老工业基地振兴发展重要增长极，北方开放重要门户，老工业基地体制机制创新先行区，绿色生态城市群	哈尔滨、大庆、齐齐哈尔、绥化、牡丹江、长春、吉林、四平、辽源、松原、延边朝鲜族自治州	哈尔滨、长春

续表

城市群	简介	城市名单	样本城市
北部湾城市群	面积约 11.66 万平方公里 战略定位：面向东盟国际大通道的重要枢纽，"三南"开放发展新的战略支点，21 世纪海上丝绸之路与丝绸之路经济带有机衔接的重要门户，全国重要绿色产业基地，陆海统筹发展示范区	南宁、北海、钦州、防城港、玉林、崇左、湛江、茂名、阳江、海口、儋州、东方、澄迈、临高、昌江	南宁、海口
兰西城市群	面积约 9.75 万平方公里 战略定位：维护国家生态安全的战略支撑，优化国土开发格局的重要平台，促进我国向西开放的重要支点，支撑西北地区发展的重要增长极，沟通西北西南、连接欧亚大陆的重要枢纽	兰州、西宁、海东及白银、定西、临夏回族自治州、海北藏族自治州、海南藏族自治州、黄南藏族自治州部分地区	兰州、西宁

9.3.2　城市群创新生态系统耦合协调度与相似度计算

由于耦合度只能反映系统之间作用的强弱程度，不能体现城市群的创新水平，本书不单独列出。耦合协调度能够测量系统之间或者系统要素之间的整体协调效应或协同贡献程度，体现城市群各城市间协调状况。而各城市权重由城市综合评价的结果占城市群指标的比重来确定。在具体计算过程中，子系统综合评价方法采用前文中的指标，统一用相同方法做标准化处理。

城市群创新生态系统耦合协调度计算结果如图 9.3 所示。

考察城市群的耦合度显示出十分明显的区域差异，分值较高的均分布在东部城市群。东部城市群有着发达的经济基础，为创新的发展提供了强有力的支撑。由于我国的对外开放政策采取的是从沿海到内地梯次推进的顺序，长三角、珠三角为代表的东部沿海地区通过率先实行开放优惠政策，不仅吸引了国内外创新资源的大量流入，有效释放了创新资源的潜能，也培育出了明显优于其他区域的创新系统。广东、上海、北京、江苏、浙江这些地区的经济发展速度快、质量好于沿海其他地区，为创新生态系统的形成提供了良好条件。

由于城市群内部各城市差异较大，因此，进一步利用公式 9.3 计算城市

第九章　年度观点：创新生态系统中的城市群集聚效应

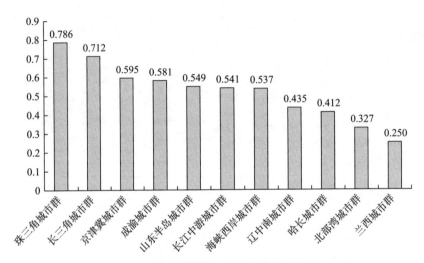

图 9.3　城市群创新生态系统耦合协调度

创新生态系统互补性，结果如表 9.2 所示。

表 9.2　城市群中各城市相似度

		广州	深圳			
珠三角城市群	广州		0.366			
	深圳					
		上海	南京	杭州	宁波	合肥
长三角 城市群	上海		0.072	0.251	0.282	0.015
	南京			0.667	0.699	0.849
	杭州				0.740	0.725
	宁波					0.768
		北京	天津	石家庄		
京津冀城市群	北京		− 0.421	− 0.558		
	天津			0.502		
	石家庄					
		成都	重庆			
成渝城市群	成都		0.592			
	重庆					

续表

		济南	青岛			
山东半岛 城市群	济南		0.796			
	青岛					
长江中游 城市群		武汉	长沙	南昌		
	武汉		0.491	0.343		
	长沙			0.643		
	南昌					
海峡西岸 城市群		福州	厦门			
	福州		0.736			
	厦门					
辽中南城市群		大连	沈阳			
	大连		0.754			
	沈阳					
哈长城市群		哈尔滨	长春			
	哈尔滨		0.873			
	长春					
北部湾城市群		南宁	海口			
	南宁		0.732			
	海口					
兰西城市群		兰州	西宁			
	兰州		0.598			
	西宁					

　　珠三角城市群是我国开放程度最高、经济最有活力的区域之一。从绝对量来看，珠三角城市群区域财政支出水平高、研发机构数量多、人员储备较好。从计算结果来看，珠三角城市群耦合协调度达到了 0.786。典型城市广州、深圳的互补性为 0.366，呈现一定的相似性。但从指标排名来看，广州在教育和科学技术支出占财政支出比重、万人普通高等学校在校学生数上相对深圳存在比较优势。深圳的比较优势在于研发人员占常住人口比重、科学技术支出、高新区企业工业总产值几项指标。可以说，珠三角城市群形成了广州培养、深圳实用的创新模式，区域创新形成了分工明确又高效协同的创新体系，从而具备了一定的集聚效应。但是，城市群存在创

第九章　年度观点：创新生态系统中的城市群集聚效应

新集聚效应的同时也有一些局限，主要表现在人口密度低，经济腹地小，进一步提高空间小，区域创新发展需要注入新的动能等。

长三角城市群在耦合协调度上仅次于珠三角城市群，长三角城市群中各城市经济发展水平高，创新基础好。上海在规模以上企业研发机构中研究人员、规模以上企业的研发支出、高技术产品进出口贸易总额、科学技术支出等多方面都具有比较优势，合肥与南京、宁波、杭州的相似度较高，发展模式类似。整体上，长三角城市群区域内新经济活跃、科创基础雄厚、民间资本和人力资本充裕、产业布局空间大。但安徽和苏北仍是突出的薄弱点，未来产业空间布局需要重点依托基础设施互联互通，加快要素市场化配置，发挥这些地区的资源禀赋优势。此外，还要加强区域相关规划（特别是城市规划）的衔接和一体化。在政策协同上，应着力推动区域智慧型公共服务的均等化和制度衔接。

京津冀城市群的创新耦合协调度低于珠三角城市群、长三角城市群，这与京津冀城市间发展差异大有关。北京与天津、石家庄的相似度均为负值，各指标排名呈现明显差异性，北京的万人在校研究生数、信息化基础指数、研发内部经费支出、科研机构之间的科研支出、"互联网＋"智慧城市指数、科企合作指数、科研合作指数等方面均排名第1，其他指标也具有相当大的优势。创新资源集聚程度较高、经济水平高弥补了北京在交通拥堵、雾霾、生活成本高等居住方面的劣势。天津与石家庄则呈现相似性，且与北京的差异较大。整体上，京津冀城市群经济发展对创新人才的吸纳能力较强，这是未来该区域发展予以发挥的积极要素。除了京津冀自身发展之外，如何以京津冀城市群为中心，协同山东半岛城市群和辽中南城市群，形成更大范围的环渤海经济圈，进而在外部条件成熟的情况下带动整个东北亚的区域经济整合，对解决京津冀自身面临的诸多问题也十分重要。

作为成渝城市群的代表，成都、重庆互补性计算结果为 0.592，而耦合协调度为 0.581，排名第 4，说明各指标排名相似，呈现齐头并进的发展模式，协同创新效果较好。差异性主要体现在健康性和智慧性上。成都的比较优势在于万人普通本专科在校学生数、万人在校研究生数、研发人员占常住人口比重、教育和科学技术支出占财政支出比重。而重庆在规模以上工业企业设立研发机构的个数、规模以上企业研发机构中研究人员、上市公司营业收入上存在比较优势。可见成都创新人才储备较好，而重庆更重视产业落地。同时，重庆的基础设施水平相对较好，互联网用户数、城市道路面积都大于成都。

长江中游城市群位于湖北、湖南、江西和安徽四省之间，又有长江为依托，承东启西。整体上，长江中游城市群的三个核心城市武汉、长沙、南昌各自具有一定的特征。武汉在教育和科学技术支出占财政支出比重、普通高等学校专任教师数上具备比较优势，和长沙及南昌的相似度分别为0.491和0.343，各指标排名整体较为靠前，有望在长三角起到核心带动作用。长沙和南昌的相似度为0.643，排名差距较大指标中，长沙在科学研究与技术服务业企业数、研发人员占常住人口比重上具有一定比较优势，而南昌在吸引外资方面具有一定优势，外资、港澳台投资企业比例、外资企业工业总产值占GDP比重较高。

东三省地区的集中表现便是缺少产业创新的能力，不论是大中型的生产制造企业产出，还是论文数量、专利的申请授权数，都与东北地区的人力资源状况不相符。沈阳、大连各项指标排名相似，例如以该城市为就业意向城市的本科及以上求职人员的数量、政府透明度指数均排在前两位。两个城市的差异主要在创新人才储备方面，沈阳在万人普通本专科在校学生数、万人在校研究生数、研发人员占常住人口比重等指标上相对排名较前，大连个体劳动者占比相对较高。哈长城市群代表城市哈尔滨、长春的各指标排名相似。长春在城市宜居指数、高新区归国人员密度、个体劳动者占比上具有一定比较优势，而哈尔滨的比较优势在于科研人员密度较高。在产业方面，长春以工业为主，哈尔滨更偏向于以第三产业带动城市经济发展。

其他城市群中各城市指标排名相似，这类城市群大都处于发展期和转型期，尚未形成稳定的城市群创新生态系统。海峡西岸城市群（福州、厦门）经济发展水平较高，但在智慧性方面有所欠缺，导致耦合协调度较低；二者各项指标比较优势大都不明显，仅在政府透明度和司法透明度上，厦门遥遥领先。北部湾城市群各城市的创新发展阶段类似，创新水平有待进一步提升。得益于海南的旅游资源和政策优势，海口在民用航空货邮运量指数、外资、港澳台投资企业比例上具有比较优势，南宁的比较优势在于科学研究与技术服务业企业数，但两个城市的创新水平还有待提升。

创新协同较差的是兰西城市群。兰西城市群创新耦合度较差，受交通等因素的制约，其经济发展水平低下，产业基础较为薄弱，无法为创新发展提供足够的经济基础，造成创新生态系统整体水平偏低。兰州、西宁相似度较高，兰州主要的比较优势在普通高等学校在校学生数、万人在校研究生数等创新人才储备指标上，西宁的比较优势在创新健康性上。但由于区域经济发展落后，创新与经济发展之间的互动关系较差，导致了两地创新交流尚不密切。

9.4 结论和政策建议

根据耦合协调度和相似度计算可见，各城市群集聚方式各有特色，主要可分为优势集聚型城市群、虹吸效应型城市群、均衡发展型城市群、低协调型城市群（见表9.3）。

表9.3 研究城市群分类

类型	城市群	特色
优势集聚型	珠三角城市群	城市发展较好，集聚优势明显
	长三角城市群	
虹吸效应型	京津冀城市群	京津冀其他地区与北京差距较大
均衡发展型	成渝城市群	创新体系和制度初步形成，将有效推动创新集聚
	山东半岛城市群	
	长江中游城市群	
	海峡西岸城市群	
	辽中南城市群	
低协调型	哈长城市群	城市发展水平和创新水平相对落后，区域发展有待转型升级，创新生态系统有待完善
	北部湾城市群	
	兰西城市群	

（1）优势集聚型城市群：珠三角城市群、长三角城市群

这种城市群的特点是各城市已具备一定创新水平，关键指标发展良好，科研人员数量多、政府投入大、信息化程度高，城市间协同合作，注重创新投入和基础研究，创新系统内部关系较为和谐，是耦合协调程度较高的区域，今后关键在于提高创新产出向创新效益的转化能力。

第九章　年度观点：创新生态系统中的城市群集聚效应

珠三角城市群和长三角城市群属于区域协同度高、地理开放度好、创新能力强的区域创新模式。随着珠三角城市群协同创新基础的不断完善，政府不再过分看重政策的拉动作用，大部分重点资金支持政策有所调整，城市群进入自主创新合作阶段。长三角城市群内部已逐步形成了上海引领带动、周边城市密切配合的协同创新布局。此外，南京、杭州等城市在各自的行政区域内也体现了明显的辐射作用，以科技资源转化为市场竞争力为支撑，推进周边地区实现一体化与高质量发展。

（2）虹吸效应型城市群：京津冀城市群

京津冀城市群中，北京对其他城市产生了一定的虹吸效应。但随着京津冀协同发展和北京疏解非首都功能，京津冀城市群中心城市将逐渐对周边城市呈现扩散趋势。随着政府不断引导京津冀地区合理有序承接创新产业转移，天津正在成为京津冀新兴的创新极点。

（3）均衡发展型城市群：成渝城市群、山东半岛城市群、长江中游城市群、海峡西岸城市群、辽中南城市群

这类城市群中各城市在基础设施、市场环境、科技资源条件、创新创业文化建设状况等方面的体系和制度初步形成，将有效推动创新主体对接，实现创新要素流动。成都、重庆、武汉等地近年来不断加大创新投入力度，在我国支持中西部经济发展的背景下，资本、人才逐渐流向这些地区，逐渐实现了城市群内部的协调耦合。成渝城市群以"双核驱动"的发展模式为主导，将有效实现对其他城市的辐射作用。辽中南城市群（沈阳、大连）获得的国家级科技资源较多。辽宁作为东北老工业基地，曾经是国家科技投入的重要地区，但近年来经济发展水平较差，影响了创新整体的协调发展。

（4）低协调型城市群：哈长城市群、北部湾城市群、兰西城市群

这类城市群的经济水平较差，尽管创新投入相对于较低的经济发展水平可能有所超前，但并不具备绝对优势①，创新投入对创新系统的带动作用较小，协调程度依然较低。城市支柱产业增长能力差，城市间同质化严重，缺乏人力资本吸引力。这些地区应加快形成既互补又各具特色的产业发展

---

① 沈宏婷、陆玉麒、沈惊宏：《中国省域创新投入—创新产出—创新效益的时空耦合研究》，《经济地理》2017 年第 6 期。

第九章　年度观点：创新生态系统中的城市群集聚效应

形势，并与智能化的发展互为补充。

随着我国城市群协同创新体系逐渐完善、各城市群资源配置和创新环境建设逐步走上正轨，城市群中心城市对周边城市创新发展水平的影响将逐渐以辐射效应为主导，从而形成区域创新的整体规模效应。因此，在下一步发展中应注重以下关键点。

第一，将城市群作为我国下一阶段发挥创新作用的主要平台和抓手。选取合适的支柱产业，以资源状况、区位条件、生产要素配置、技术条件作为基础，选取具有关联效应强、对区域发展带动作用大的产业为主导，构建合作发展机制，实现共赢发展。由中央政府进行协调，加强政府间的横向合作，共同解决城市群面临的区域性公共问题，建立起城市间紧密联系的合作网络，消除制约区域间要素自由流动的障碍，促进各类要素流动。

第二，提高城市群地区的人口吸纳能力。京津冀、长三角、珠三角地区经济体量大，就业吸纳能力强，应发挥这三大城市群整体的人口吸纳优势，同时根据"大集中、小分散"的原则，优化区域内人口布局。放宽哈长城市群的户籍制度，改革配套公共服务制度，以提升哈长城市群吸纳周边人口的能力。在其他城市群中，放宽1000万人以下大城市的落户门槛。

第三，结合区位条件，打造创新发展的核心区。基于对各城市群创新集聚水平的评估结果，建议在以铁三角城市群、长三角城市群、京津冀城市群构筑创新发展核心区的同时，以成渝城市群、长江中游城市群为基础，构建创新发展的次核区，同时考虑自身的发展定位。京津冀城市群、成渝城市群、山东半岛城市群、长江中游城市群应更加注重应用研究，在加大创新投入的同时，提高原始创新能力。其他城市群创新发展处于中低水平，创新发展相对滞后，但具有较大的创新发展潜力，更需要通过科技推广和应用，发挥科技创新在经济发展中的作用，集中有限的资源选取重点领域，加强创新。

第四，以辽中南城市群和哈长城市群为中心引领东北振兴，充分发挥辽中南城市群的龙头作用。东北地区部分城市属于资源型城市，资源型经济有其特定的产生、发展、成长及衰退周期，应抓住东北和东部对口合作的这一国家政策，引进新技术，发挥农业技术优势。产业升级转型是东北发展的关键所在，城市群中核心城市的创新发展将为其他地区的发展提供更大的空间，建议在辽中南城市群和哈长城市群的核心城市设立战略性的创新试验区，作为下一阶段东北振兴的突破口。

第十章 总结与政策建议

10.1 总结

城市创新生态系统涉及政府、企业、高校、科研机构、中介组织等多元化主体，还涉及各主体之间创新网络的构建以及创新环境的营造。本书基于城市创新生态系统的构成特点，构建了城市创新生态系统的指标评价体系，运用该指标体系对我国 35 个主要城市的创新生态系统进行了排名和评价，从横向和纵向上分析了当前各个城市创新生态系统的发展现状、特点及存在不足，并分析其背后的深层次原因。与此同时，本书还对典型城市的特点进行了案例分析，对城市群创新生态系统的集聚效应进行了系统分析，并提出了相关的政策建议。本书形成的研究结论如下。

10.1.1 城市创新生态系统效率评价结果

本书运用已构建的城市创新生态系统效率评价模型，计算了我国 35 个主要城市的创新生态系统效率。根据计算结果可知，深圳、广州、北京的创新效率排在前 3 位，且明显高于其他城市，整体呈匀速下降趋势。8.57%的城市创新效率在 0.80 以上，31.43% 的城市创新效率在 0.60～0.80 之间，20% 的城市创新效率在 0.40～0.60 之间，37.14% 的城市创新效率在 0.20～0.40 之间，2.86% 的城市创新效率在 0.20 以下。从整体上来看，2019 年度城市创新生态系统效率差距拉大，创新效率低的城市排名有所提高，一半以上城市排名得分要低于 2016 年。可能是因为中国经济正由高速增长阶段转向高质量发展阶段，很多城市创新发展的重心也从过去关注创新效率转向关注创新质量，因此部分城市的创新生态系统的创新效率指标呈现下降趋势。值得注意的是，东部城市的创新生态系统效率排名高于中西部城市。特别是西部城市占据综合效率排名后 10 的大部分，这可能主要与西部地区

133

创新基础设施落后、创新要素流动效率低下、创新政策有待完善有关。

值得关注的是，深圳、广州在创新效率表现上仍具明显优势，北京虽然创新投入排名第1，但是其综合效率排名却仅为第3，与2016年排名结果类似。这再次说明创新投入高并不意味着创新效率结果高，需要城市各个主体基于市场需求提高创新投入资源的优化配置，促进城市创新效率的提高。此外，东北地区的创新效率波动性较大，整体呈下降趋势，其中哈尔滨作为东北地区重要的核心城市，其创新效率的排名垫底。这一结果表明东北地区近年来创新效率表现持续不容乐观，创新系统不够稳定，亟须政府及企业积极吸纳科技资源和创新人才，激活创新活力。

10.1.2 城市创新生态系统健康性评价结果

本书基于健康性评价模型计算了我国35个主要城市的创新生态系统健康性。结果显示，排名前3的是北京、上海和深圳，3座城市差距较为明显，其他城市的健康性下降较为平缓。同时，排名靠前的城市也多为经济发达的东部城市，排位较为靠后的城市则多为中西部地区和东北地区城市。健康性主要反映城市创新生态系统的可持续发展能力和创新发展潜力。因此，从排名结果来看东部城市的创新可持续性更强，特别是北京、上海、深圳拥有极大的创新发展潜力。中西部地区和东北地区创新发展动力不足，仅有重庆、武汉、成都跻身创新健康性前10，未来可以进一步发挥它们对中西部城市创新的辐射能力。

从健康性分指标排名来看，北京虽然在多项指标上持续位列第1名，但是其成长性指标排名垫底，开放性指标也仅排第5名。这表明北京近年来城市创新生态系统各创新主体成长能力十分不理想，且开放度水平不够，需要管理者重点在这两个领域加大政策扶持和投入力度，积极开展科技创新合作，吸引外商投资。银川、西宁、石家庄在创新成长性指标方面冲进前3，且排名前10的城市中，中西部城市占60%，因此中西部地区可充分发挥创新成长性指标的比较优势，带动其他分指标的发展，最终实现创新生态系统健康性的全面发展。此外，成都、西安、武汉的人力资源分别排名第1、第3及第4，这一结果说明中西部地区人才储备能力持续增强，未来必将有较大的创新发展潜力。

10.1.3 城市创新生态系统智慧性评价结果

本书运用已构建的城市创新生态系统智慧性评价模型，计算了我国35

个主要城市的创新生态系统智慧性。根据计算结果可知，北京、上海、深圳的智慧性排名前3，且北京和上海的智慧性评价结果明显高于其他城市，整体呈明显下降趋势。5.71%的城市创新智慧性在0.80以上，8.57%的城市创新智慧性在0.4~0.6，34.29%的城市创新智慧性在0.2~0.4，51.43%的城市创新效率在0.20以下。结果表明，我国35个主要城市的创新生态系统智慧性大部分还是中等以下的水平，相对于创新效率还有较大的发展空间。从城市所属区域来看，东部城市智慧性普遍高于中西部城市，这与创新效率的排名颇为相似。

在城市创新生态系统智慧性的分指标测量结果上出现了不平衡的现象。例如，合肥的人才储备情况和知识转化推动力的评价得分均位于前10名，但其智慧设施评价得分排名第19，交互活跃度评价得分排名第15。这说明合肥虽然具备了较高的人才储备和知识转化能力，但因其智慧设施与智慧交互能力难以实现均衡发展，从而导致其整体智慧性得分排名水平落后。再如，北京的知识转化推动力指标排名得分与其他城市形成两极分化的格局，这主要与信息技术行业风险投资/私募股权投资融资额高度集中在北京有关。因此，未来信息技术行业的风险投资/私募股权投资融资额应当向其他地区城市合理扩散，进而推动其他城市创新生态系统智慧性的建设与发展。在智慧交互量指标评估方面，上海以0.80的得分位居第1，且0.50得分以上的城市只有上海与北京，这一评估结果表明全国主要城市的智慧交互量普遍偏低，需要政府、企业、高校、协会等众多创新主体重视学术会议交流、高技术产品进出口贸易以及技术引进及授权方面的活动。

10.1.4 典型城市分析

基于城市创新生态系统效率、健康性、智慧性的评价结果，本书共选择西安、广州、武汉、哈尔滨4个代表性城市进行重点分析，为进一步提升典型城市自身创新生态系统建设提供新思维。同时，也可以为其他城市的创新实践提供参考与借鉴。

作为国家中心城市的西安，近年来不断致力于改革创新生态环境、优化创新体制机制，其创新投入规模大，重视创新人才培养，但是对于高新技术产业的吸引力度还有待增强。在健康性和智慧性方面，西安的创新生态系统环境和谐性表现欠佳，智慧性总体指标排名靠前，但是其知识转化推动力、交互活跃度、交互速率排名均较为靠后。未来应当根据城市发展情况及细化指标的排名结果做出针对性的调整，加强对西部城市创新的示范作用。广州是珠三角的核心城市，同时也是粤港澳大湾区科技创新核心城市。从创新生态系统评价指标的表现来看，广州在效率、健康性和智慧性方面的排名均名列前茅。广州创新效率与深圳并列第1，创新投入、创新过程及创新产出均排名前5，这说明广州的创新发展十分均衡且突出。同时，广州的健康性与智慧性发展旗鼓相当，均位居第4，仍有较大提升空间。未来可以从加强市场竞争驱动力、科技发展驱动力、企业家精神方面推动城市健康性的发展，从重视人才储备、交互活跃度、交互速率等方面推动城市智慧性的发展，充分发挥广州作为省会城市的示范引领作用。武汉作为长江经济带的重要城市，其城市创新生态系统各项指标在中部城市中均位于前列，在长江经济带和中部崛起中的核心带动作用日趋凸显，对于其他中部城市创新生态系统的发展起到模范引领的作用。但是，与先进城市相比，武汉的城市创新生态系统各项指数还存在较大差距，需要进一步向东部地区先进城市学习创新发展经验。哈尔滨作为东北地区的核心城市，效率、健康性和智慧性排名靠后，整体表现有待提高。不过，哈尔滨具有较好的创新基础设施建设，在人才储备上也取得了一定成果，但是政府与市场的互动不足、市场体系建设不足。未来应进一步促进创新服务和创新中介市场化，提升人才培养环境和科技转化能力，发挥优势产业，淘汰落后产能。哈尔滨的租赁和商业服务业从业人员数量相对较多，因此可以通过第三产业的创新，提升创新生态水平。

10.1.5　进一步分析了城市群创新生态系统的"集聚效应"

城市群是城市发展到成熟阶段的最高空间组织形式，群内各个城市之间能够实现知识、信息、资金等要素的高效率流动，进而形成创新主体间与创新环境间高度共生、协同演化的具有生态系统特征的创新系统。城市群创新生态系统具有时空关系下的分工体系、明显的集聚效应、高效的反馈网络等特征，核心城市在城市群中发挥着集聚、辐射和示范的作用。根据本书的计算结果，城市群集聚方式各有特色，主要可分为优势集聚型城市群、虹吸效应型城市群、均衡发展型城市群、低协调型城市群。我们有如下几点建议：第一，将城市群作为我国下一阶段发挥创新作用的主要平台和抓手；第二，提高城市群地区的人口吸纳能力；第三，结合区位条件，打造创新发展的核心区。

10.2　政策建议

10.2.1　提高对创新投入、创新过程的重视，因地制宜增强城市创新效率

本书的研究结果表明，全国主要城市的创新效率呈现多样化的特征，广州、深圳效率依然领先，中西部城市创新效率增长乏力，东北地区创新效率增长缓慢。创新产出的结果依赖于创新投入与创新过程，为进一步提升各主要城市的创新效率，本文提出如下对策建议。

首先，完善城市创新政策环境，优化体制机制。城市的创新效率离不开良好的政策环境，一方面创新效率的提升需要大量的资金、人力、物力的投入，另一方面创新成果又极容易被模仿，出现"搭便车"行为，降低了创新主体的积极性。因此，政府有必要对城市创新进行干预，立足本地创新资源及创新能力现状，建立完善的创新型城市发展战略规划，在充分发挥自身创新优势的同时，补足突破创新短板。政府应充分肯定创新型企业及科研机构在城市创新中的核心地位，并积极通过财政补贴、成果保护、税收减免、精神奖励等措施激发城市的创新活力。

其次，深化产学研合作，提高城市创新资源流动能力。本书研究发现大部分城市的信息流转机制、人才激励机制、融资机制表现较弱，得分普遍低于 0.50，阻碍了全国城市创新效率的提升。因此，建议各城市进一步深化产学研合作，加强内外部交流合作，定期举办前沿科研项目合作洽谈会、科技论坛等，建立健全政府、高校、科研机构、企业、金融机构、协会、科学家等不同主体间的人才流动机制，促进知识、技术、资金的有效流动与共享。

最后，充分发挥人才的第一资源作用，完善科研人才引进机制。提高科研人才福利待遇，完善高精尖重大科研项目的经费管理机制，保障科研项目的顺利实施。为不同领域的高层次人才提供多元化发展平台，完善人才评价机制，提供重点学科、重点实验室负责人、学术技术带头人等职位，创造良好的人才创新创业氛围。

10.2.2　适应本地经济社会发展需求，打造健康的创新环境

从城市创新生态系统健康性指标的分析结果来看，西部城市创新资源潜力整体不足，而中部城市和东北城市体现了一定的本地特征，部分指标

名列前茅。因此，各城市间应适应经济社会发展需求，打造健康的创新环境。

首先，挖掘本地创新资源潜力，提升本地企业与科研机构的世界影响力。城市应充分发挥本地优势产业和科研机构的作用，以产业结构转型和产品高端化为主线，构建集创新链、产业链、服务链于一体的产业高质量发展体系，同时构建对外开放的政策环境。城市群规划、跨区域合作、"一带一路"倡议等为部分城市发展外向型经济提供了平台，应进一步完善国际合作机制，学习借鉴先进发展理念、管理措施和科技成果，助推当地标准、技术、设备和企业"走出去"，推进国际化、一体化。

其次，有效创新投融资体制，提升城市基础设施水平。城市基础设施建设一般投资较大，盈利模式单一。基础设施的运营和维护虽有成熟盈利模式，但具体实践效果不一。基础设施建设整体面临着公平与效率的矛盾，应有效地解决投资和可持续经营的问题。融资创新必须基于政府和私人的共赢合作，同时，如何处理基础设施的建设和利用、权力如何分配，仍然是政府、投资方以及民众需要协商解决的重要问题。

最后，提升经济活力，增强城市的客观吸引力。配合"供给侧改革"的有效推进，政府应扶持本地企业努力发展新兴产业，实现传统产业逐渐更新、传统产业与新兴产业合理组合共同发展，进一步推动市场化进程。同时加大对就业创业政策的倾斜，开展双创活动创造就业岗位，推行有竞争力的人才吸引政策，优化人才结构。

10.2.3　加大城市智慧载体设施的建设，注重城市智慧交互能力的提升

根据智慧性的评价结果，我们发现绝大多数城市创新生态系统的智慧性及其分指标智慧载体及智慧交互能力得分低于 0.50。可见，绝大多数城市创新生态系统的智慧性都有待进一步提高。

首先，政府要注重数字技术与城市基础设施建设的融合。世界上的领先城市都十分重视数字技术相关的城市基础设施建设，例如新加坡市、阿姆斯特丹、纽约、首尔、斯德哥尔摩等城市纷纷建立了超高速通信网络，并计划推出 5G 通信服务。纽约和斯德哥尔摩已全面部署智能水表，伦敦积极建设城市基础设施 3D 数据库，大大提高市政工程的建设效率。我国也应当以领先城市为标杆，提前部署新型智慧城市的基础设施建设。

其次，采用"政府主导，社会共建"的模式，提升城市智慧交互能力。

一方面，城市整体智慧交互能力的提升需要政府牵头，部署各类智慧解决方案，构建公开透明的政府信息网站，打造开放互联的智慧生活生态圈。在财政支出方面，政府也应积极加大教育和科技支出的比重，引导社会资金投入信息技术行业。另一方面，高校、科研机构、企业、金融机构、协会等社会各界创新主体应当发挥自身作用，积极推动城市内协同创新网络的构架，促进知识、信息高效流动，加快科研成果转化，全面提升城市创新竞争力。

最后，推动技术创新与"数字化城市"建设。现如今，信息通信、云计算、物联网、图像处理、3S 等技术日新月异。应把握重大变革机遇，加快发展数字经济，全面提升城市的信息化水平，加强智能化技术应用，实现城市数字化、网络化、智能化。各个城市还应从整体需求出发，实现跨部门共享，进而提升行政管理水平，提高科研机构和企业的运作效率。

10.2.4　充分利用城市群的互补资源，推进协同创新

城市群创新生态系统存在集聚效应，城市群应在创新资源优势互补的基础上，推进群内城市间的协同创新。加强城市创新资源优势互补是推进城市群协同发展的关键，而地区竞争、区域保护意识是合作和创新协同的重要阻力。区域间应强化城市分工合作，提升中心城市辐射带动能力，着力构建共生互利的区域和创新格局，最终形成不同等级城市的创新资源优势互补。

在以协同创新为导向的城市群发展过程中，需要进一步完善市场、法律体系、金融支持等软环境，推进创新成果转化，如建设一体化的产权和技术交易市场，推行强有力的知识产权保护制度，吸纳风险投资，鼓励企业与研究机构等科研合作的政策支持等，从而为发挥创新主体积极作用创造良好的外部环境。城市政府积极作为的重点不在于直接投资，而在于协同发展环境的塑造与优化，政府间可成立协同创新领导小组，统筹推进城市群协同创新，制定多部门协同的工作机制，鼓励城市间科研机构、高等学校、企业间跨地区创新合作，构建区域创新的投入、风险和收益共担机制，优先支持平台技术创新。

10.2.5　根据中西部城市群特点，构建城市群创新生态系统多维目标体系

中西部城市群发展状况不一，既有整体排名靠前、均衡发展的成渝城

市群、长江中游城市群，也有需要进一步健全创新环境的哈长城市群、北部湾城市群、兰西城市群。而大多数中西部城市在效率、健康性、智慧性某一方面相对其他区域城市群存在比较优势。因此，对于中西部城市群，未来应立足不同城市群的发展特点，形成产业、人口、创新环境等多维目标体系。

区域发展战略和国家级战略要求城市群强化自身区位优势。东部城市群应进一步增强对周边区域的吸引力，打造具有战略带动作用、实现产业链协同联动的跨区域经济走廊。对于中西部城市群来说，相对于建设城市群创新平台，应更注重城市自身的创新生态系统建设。一方面，要引导有市场、有效益的产业优先向创新生态系统相对健全、城市经济比较发达、中心城市辐射带动作用明显的城市群转移，加快产业集群发展和人口集聚，有序承接东部城市群的产业转移；另一方面，在产业转移的同时，要考虑如何吸纳并有效利用创新资源，发挥科技新城、孵化器园区、创新创业平台的作用，完善城市自身的体制机制，创造适宜的创新环境和制度保障。通过创新驱动推动城市经济转型，形成城市独特的产业优势和创新优势。

参考文献

Adner R. , "Match Your Innovation Strategy to Your Innovation Ecosystem", *Harvard Business Review*, 2006, 84 (4).

Afzal M. , "An Empirical Investigation of the National Innovation System (NIS) Using Data Envelopment Analysis (DEA) and the TOBIT Model", *International Review of Applied Economics*, 2014 (2).

Al-Hader M. , Rodzi A. , Sharif A. R, et al. , "Smart City Components Architecture", 2009 *International Conference on Computational Intelligence, Modelling and Simulation*, IEEE.

Baldwin R. E. , Forslid R. , "The Core-Periphery Model and Endogenous Growth: Stabilizing and Destabilizing Integration", *Economics*, 2000, 67 (267).

Baltes P. B. , Staudinger U. M. , "Wisdom: A Metaheuristic (pragmatic) to Orchestrate Mind and Virtue Toward Excellence", *American Psychologist*, 2000, 55 (1).

Bolton R. , Saxena-Iyer S. , "Interactive Services: A Framework, Synthesis and Research Directions", *Journal of Interactive Marketing*, 2009, 23 (1).

Costanza R. , D'Arge R. , Groot R. D. , et al. , "The Value of Ecosystem Services: Putting the Issues in Perspective", *Ecological Economics*, 1998, 25 (1).

Den E. Hartigh, Van T. Asseldonk, "Business Ecosystems: A Research Framework for Investigating the Relation Between Network Structure, Firm Strategy, and the Pattern of Innovation Diffusion", *ECCON* 2004 *Annual Meeting: Co-Jumping on a Trampoline*, The Netherlands, 2004.

Dirks S. , Keeling M. , "A Vision of Smarter Cities: How Cities Can Lead the Way into a Prosperous and Sustainable Future", *IBM Institute for Business Value*, 2009 (8).

Edquist C., "Systems of Innovation: Perspectives and Challenges", *African Journal of Science, Technology, Innovation and Development*, 2011, 2 (3).

Eisenhardt K. M., Sull D., "Strategy as Simple Rules", *Harvard Business Review* 2001, 79 (1).

Etzkowitz H., Leydesdorff L., "The Dynamics of Innovation: From National Systems and 'Mode 2' to a Triple Helix of University-industry-government Relations", *Research policy*, 2000, 29 (2).

Fagerberg J., "Innovation, Technology and the Global Knowledge Economy: Challenges for Future Growth", *Green Roads to Growth Project and Conference*, Copenhagen, 2006.

Hall R. E., Bowerman B., Braverman J., et al., "The Vision of a Smart City", *Research Report of Brookhaven National Lab.*, Upton, NY (US), 2000.

Han G., Kalirajan K., Singh N., "Productivity and Economic Growth in East Asia: Innovation, Efficiency and Accumulation", *Japan and the World Economy*, 2002, 14 (4).

Harrison C., Eckman B., Hamilton R., et al., "Foundations for Smarter Cities", *IBM Journal of research and development*, 2010, 54 (4).

Iansiti M., Levien R., *The Keystone Advantage: What the New Dynamics of Business Ecosystems Mean for Strategy, Innovation, and Sustainability*, Harvard Business Press, 2004.

Janger J., Schubert T., Andries P., et al., "The EU 2020 Innovation Indicator: A Step Forward in Measuring Innovation Outputs and Outcomes?", *Research Policy*, 2017, 46 (1).

Javidroozi V., Shah H., Amini A., et al., "Smart City as an Integrated Enterprise: a Business Process Centric Framework Addressing Challenges in Systems Integration", *Proceedings of 3rd International Conference on Smart Systems, Devices and Technologies*, Paris, 2014.

Komninos N., *Intelligent Cities and Globalization of Innovation Networks*, Routledge, 2008.

Kontolaimou A., Giotopoulos I., Tsakanikas A., "A Typology of European Countries Based on Innovation Efficiency and Technology Gaps: The Role of

参考文献

Early-stage Entrepreneurship", *Economic Modelling*, 2016, 52.

Krugman P. , "Increasing Returns and Economic Geography", *Journal of Political Geography*, 1991, 99.

Leon N. , *The Well-connected City a Report on Municipal Networks Supported by the Cloud*, Imperial College London, 2006.

Li Y. R. , "The Technological Roadmap of Cisco's Business Ecosystem", *Technovation*, 2009, 29 (5).

Mccann P. , Ortega-Argilés R. , "Smart Specialisation, Entrepreneurship and SMEs: Issues and Challenges for a Results-oriented EU Regional Policy", *Small Business Economics*, 2016, 46 (4).

Mercan B. , Gokta D. , "Components of Innovation Ecosys-tems: a Cross-country Study International", *Research Journal of Finance And Economics*, 2011 (76).

Moore J. F. , "Predators and Prey: A New Ecology of Competition", *Harvard Business Review*, 1993, 71 (3).

Morgan K. , "The Learning Region: Institutions, Innovation and Regional Renewal", *Regional Studies*, 1997, 5 (31).

Moss Kanter R. , Litow S. S. , "Informed and Interconnected: A Manifesto for Smarter Cities", *Harvard Business School General Management Unit Working Paper*, 2009 (9).

Odum E. P. , "The Strategy of Ecosystem Development", *Readings in Environmental Impact*, 1974, 164.

Oh D. S. , Phillips F. , Park S. , et al. , "Innovation Ecosystems: a Critical Examination", *Technovation*, 2016, 54 (2).

Ramani G. , Kumar V. , "Interaction Orientation and Firm Performanc", *Journal of Marketing*, 2008, 72 (1).

Rapport D. J. , Whitford W. G. , "How Ecosystems Respond to Stress: Common Properties of Arid and Aquatic Systems", *BioScience*, 1999, 49 (3).

Rapport D. J. , "What Constitutes Ecosystem Health?", *Perspectives in Biology and Medicin*, 1989, 33 (1).

Rong K. , Lin Y. , Li B. , et al. , "Business Ecosystem Research Agenda:

More Dynamic, More Embedded, and More Internationalized", *Asian Business & Management*, 2018, 5.

Rong K., Lin Y., Shi Y., et al., "Linking Business Ecosystem Lifecycle With Platform Strategy: A Triple View of Technology, Application and Organization", *International Journal of Technology Management*, 2013, 6 (1).

Rothwell R., "Successful Industrial Innovation: Critical Factors for the 1990s", *R&D Management*, 1992, 3 (22).

Schaffers H., Komninos N., Pallot M., "Smart Cities as Innovation Ecosystems Sustained by the Future Internet", https://www.researchgate.net/publication/278629200_Smart_Cities_as_Innovation_Ecosystems_sustained_by_the_Future_Internet.

Stokes D. E., *Pasteur's Quadrant: Basic Science and Technological Innovation*, Washington, DC: Brookings Institution Press, 2011.

Van de Ven, Polley D., Garud R., *The Innovation Journey*, Oxford University Press, USA, 2008.

Vasconcelos Gomes L. A., Facin A. L. F., Salerno M. S., et al., "Unpacking the Innovation Ecosystem Construct: Evolution, Gaps and Trends", *Technological Forecasting and Social Change*, 2018, 136.

Washburn D., Sindhu U., Balaouras S., et al., "Helping CIOs Understand 'Smart City' Initiatives", *Growth*, 2009, 17 (2).

Zygiaris S., "Smart City Reference Model: Assisting Planners to Conceptualize the Building of Smart City Innovation Ecosystems", *Journal of the Knowledge Economy*, 2013, 4 (2).

白松、魏春波、徐国涛、张羽兮：《基于"互联网+"时代背景下加快东北地区产业转型升级的对策建议》，载《第十六届沈阳科学学术年会论文集》（经管社科），2019。

曹霞、于娟：《绿色低碳视角下中国区域创新效率研究》，《中国人口资源与环境》2015年第5期。

曾国屏、苟有钊、刘磊：《从"创新系统"到"创新生态系统"》，《科学学研究》2013年第1期。

陈兵：《创新要素的生态化配置研究》，《社会科学论坛》2007年第

参考文献

4 期。

陈辉：《高新技术企业生态系统的运行机制研究》，博士学位论文，西北大学，2006。

陈向东、刘志春：《基于创新生态系统观点的我国科技园区发展观测》，《中国软科学》2014 年第 11 期。

创新城市评价课题组：《中国创新城市评价报告》，《统计研究》2009 年第 8 期。

丁继成：《创新创业服务体系建设研究——以哈尔滨市为例》，《学理论》2019 年第 8 期。

丁青青：《基于 DEA-Malmquist 指数的国家级高新区创新能力评价》，《现代商贸工业》2019 年第 35 期。

冯契：《智慧的探索——〈智慧说三篇〉导论》，《学术月刊》1995 年第 6 期。

傅尔林、晏琪：《广东区域科技创新效率测评研究》，《科技与经济》2019 年第 4 期。

谷传华：《智慧的外显理论和内隐理论》，《山东师范大学学报》（人文社会科学版）2014 年第 1 期。

郭华巍：《基于 SOP 模型的城市创新能力评价指标构建研究》，《科技管理研究》2011 年第 8 期。

国家创新体系建设战略研究组：《2010 国家创新体系发展报告：创新型城市建设》，科学出版社，2011。

韩英：《基于生态位模型的中国区域创新生态系统适宜度的评价研究》，硕士学位论文，内蒙古财经大学，2018。

韩兆洲、操咏慧、方泽润：《区域创新水平综合评价及空间相关性研究——以粤港澳大湾区为例》，《统计与决策》2019 年第 23 期。

何山、陈玲：《基于模糊贴近度的城市创新系统生命周期评价研究》，《开发研究》2013 年第 2 期。

胡彪、付业腾：《天津市创新生态系统协调发展水平测度与评价》，《价值工程》2015 年第 32 期。

纪宝成、赵彦云：《中国创新指数研究报告 No.1　中国走向创新型国家的要素：来自创新指数的依据》，中国人民大学出版社，2008。

参考文献

靖国平：《论智慧的涵义及其特征》，《湖南师范大学教育科学学报》2004 年第 2 期。

孔伟、张贵、李涛：《中国区域创新生态系统的竞争力评价与实证研究》，《科技管理研究》2019 年第 4 期。

雷雨嫣、陈关聚、刘启雷：《高技术产业创新生态系统的创新生态位适宜度及演化》，《系统工程》2018 年第 2 期。

李福、曾国屏：《创新生态系统的健康内涵及其评估分析》，《软科学》2015 年第 9 期。

李万、常静、王敏杰：《创新 3.0 与创新生态系统》，《科学学研究》2014 年第 12 期。

李晓娣、张小燕：《我国区域创新生态系统共生及其进化研究——基于共生度模型、融合速度特征进化动量模型的实证分析》，《科学学与科学技术管理》2019 年第 4 期。

李洋：《互联网企业创新生态系统运行及评价研究》，硕士学位论文，陕西师范大学，2018。

李钟文：《硅谷优势——创新与创业的栖息地》，人民出版社，2002。

刘钒、吴晓烨：《国外创新生态系统的研究进展与理论反思》，《自然辩证法研究》2017 年第 11 期。

刘涛雄、罗贞礼：《从传统产业政策迈向竞争与创新政策——新常态下中国产业政策转型的逻辑与对策》，《理论学刊》2016 年第 2 期。

刘涛雄等：《中国城市创新生态系统评价（2016）》，社会科学文献出版社，2010。

刘新智、刘娜：《长江经济带技术创新与产业结构优化协同性研究》，《宏观经济研究》2019 年第 10 期。

鲁强、孔庆洋：《基于多重螺旋协同创新理论的 DEA 评价模型——以皖江城市带为例》，《科技管理研究》2014 年第 16 期。

罗芳、王远卓：《长江经济带工业企业技术创新效率研究》，《科技与管理》2019 年第 6 期。

〔美〕马尔科·扬西蒂、罗伊·莱维恩：《共赢：商业生态系统对企业战略创新和可持续性的影响》，王凤彬等译，商务印书馆，2006。

马永坤：《协同创新理论模式及区域经济协同机制的建构》，《华东经济

参考文献

管理》2013 年第 2 期。

梅亮、陈劲、刘洋：《创新生态系统：源起，知识演进和理论框架》，《科学学研究》2014 年第 12 期。

苗红、黄鲁成：《区域技术创新生态系统健康评价初探》，《科技管理研究》2007 年第 11 期。

苗红：《区域技术创新生态系统协调性评价研究》，博士学位论文，北京工业大学，2007。

潘娟、张玉喜：《中国研发投入科技创新效率的 PP－SFA 分析——基于中国 30 个省域实证研究》，《系统工程》2019 年第 2 期。

祁明、林晓丹：《基于 TRIZ 论区域创新生态系统的构建》，《科技管理研究》2009 年第 9 期。

清华大学中国新型城镇化研究院、北京清华同衡规划设计研究院有限公司：《中国都市圈发展报告 2018》，2019。

沈宏婷、陆玉麒、沈惊宏：《中国省域创新投入—创新产出—创新效益的时空耦合研究》，《经济地理》2017 年第 6 期。

沈婕、钟书华：《智慧专业化：区域创新战略的理性选择》，《科技管理研究》2017 年第 23 期。

苏屹、刘艳雪：《国内外区域创新研究方法综述》，《科研管理》2019 年第 9 期。

苏屹：《耗散结构理论视角下大中型企业技术创新研究》，《管理工程学报》2013 年第 2 期。

孙丽文、李跃：《京津冀区域创新生态系统生态位适宜度评价》，《科技进步与对策》2017 年第 4 期。

孙云杰、玄兆辉：《从〈全球创新指数 2018〉看中国创新能力》，《全球科技经济瞭望》2018 年第 7 期。

索贵彬、田亚明：《面向生态－技术创新的城市生态位扩展评价研究》，《科技管理研究》2010 年第 4 期。

藤田昌久、保罗·克鲁格曼、安东尼·维纳布尔斯：《空间经济学：城市、区域与国际贸易》，梁琦译，中国人民大学出版社，2010。

万立军、罗廷、于天军、王晓明：《资源型城市技术创新生态系统评价研究》，《科学管理研究》2016 年第 3 期。

参考文献

汪凤炎、郑红：《"知而获智"观：一种经典的中式智慧观》，《南京师大学报》（社会科学版）2009年第4期。

王翠艳：《当代西方心理学的智慧观》，《淮北师范大学学报》（哲学社会科学版）2012年第4期。

王慧艳、李新运、徐银良：《科技创新驱动我国经济高质量发展绩效评价及影响因素研究》，《经济学家》2019年第11期。

王丽平、何亚蓉：《互补性资源、交互能力与合作创新绩效》，《科学学研究》2016年第1期。

王莉、游竹君：《基于知识流动的创新生态系统价值演化仿真研究》，《中国科技论坛》2019年第6期。

魏亚平、贾志慧：《创新型城市创新驱动要素评价研究》，《科技管理研究》2014年第19期。

吴金希：《创新生态体系论》，清华大学出版社，2015。

吴金希：《创新生态体系的内涵、特征及其政策含义》，《科学学研究》2014第1期。

西桂权、付宏、王冠宇：《创新主体投入与创新绩效的长短期关系研究——基于协整理论和误差修正模型的实证分析》，《科技与经济》2019年第3期。

肖梦、邓宏兵、谢伟伟：《中国区域创新发展绩效测度研究》，《科技管理研究》2019年第14期。

肖兴志、徐信龙：《区域创新要素的配置和结构失衡：研究进展、分析框架与优化策略》，《科研管理》2019年第10期。

谢富纪、朱苑秋：《我国三大都市圈创新要素配置分析》，《技术经济》2008年第2期。

徐莉、胡文彪、张正午：《基于区域创新能力的众创空间运行效率评价——以我国30省份的众创空间为例》，《科技管理研究》2019年第17期。

徐维祥、张凌燕、刘程军 等：《城市功能与区域创新耦合协调的空间联系研究——以长江经济带107个城市为实证》，《地理科学》2017年第11期。

徐银良、王慧艳：《中国省域科技创新驱动产业升级绩效评价研究》，《宏观经济研究》2018年第8期。

参考文献

许广永：《企业创新的交互性及结构维度》，《上海市经济管理干部学院学报》2013年第4期。

许鹏程、毕强、丁梦晓、李洁：《基于DEMATEL的知识发现系统交互质量影响因素识别与分析》，《情报资料工作》2018年第4期。

薛楠、齐严：《雄安新区创新生态系统构建》，《中国流通经济》2019年第7期。

姚伟峰：《企业商业模式创新影响因素评价研究》，《哈尔滨商业大学学报》（社会科学版）2013年第2期。

詹正茂、熊思敏：《创新型国家建设报告（2010）》，社会科学文献出版社，2010。

张贵、程林林、郎玮：《基于突变算法的高技术产业创新生态系统健康性实证研究》，《科技管理研究》2018年第3期。

张仁开：《上海创新生态系统演化研究：基于要素·关系·功能的三维视阈》，博士学位论文，华东师范大学，2016。

张艳、程遥、刘婧：《中心城市发展与城市群产业整合——以郑州及中原城市群为例》，《经济地理》2010年第4期。

张永凯、韩梦怡：《城市创新生态系统对比分析：北京与上海》，《开发研究》2018年第4期。

赵程程、秦佳文：《美国创新生态系统发展特征及启示》，《世界地理研究》2017年第2期。

中国发展研究基金会：《中国城市群一体化报告（会议版）》，2019年3月。

中国科技发展战略研究小组：《中国区域创新能力报告2010：珠三角区域创新体系研究》，科学出版社，2011。

中国科学院创新发展研究中心：《2009中国创新发展报告》，科学出版社，2009。

周大铭：《企业技术创新生态系统运行风险评价研究》，《科技管理研究》2014年第8期。

周天勇、旷建伟：《中国城市创新报告（2015）》，社会科学文献出版社，2015。

周元：《中国区域自主创新研究报告（2006-2007）：区域自主创新的

理论与实践》，中国水利水电出版社，2007。

〔美〕朱迪·埃斯特琳：《美国创新在衰退》，闫佳、翁翼飞译，机械工业出版社，2010。

庄贵军、李苗、凌黎：《网络交互能力的量表开发与检验》，《管理学报》2015 年第 9 期。

左洋：《广东区域创新能力分析——基于〈中国区域创新能力评价报告2018〉》，《科技创新发展战略研究》2019 年第 2 期。

附录 指标的标准化数据

城市	万人普通高等学校在校学生数标准化	互联网接入量标准化	人均图书拥有比例（公共图书馆藏量）标准化	万人科技支出标准化	不同地区在百度上搜索"创新创业""风险投资"的平均值标准化
北京	0.236530	0.601227	0.458736	0.323943	1.000000
天津	0.287334	0.352147	0.148697	0.129924	0.457474
石家庄	0.271610	0.326380	0.002040	0.005212	0.075230
太原	0.949692	0.109202	0.168048	0.054893	0.028364
呼和浩特	0.753654	0.000000	0.132990	0.011098	0.007843
沈阳	0.334050	0.182822	0.135422	0.019659	0.099711
大连	0.276578	0.141104	0.268603	0.017846	0.118518
长春	0.376282	0.154601	0.032311	0.014981	0.032285
哈尔滨	0.327584	0.209816	0.059689	0.003735	0.114102
上海	0.158895	0.771779	0.551455	0.326192	0.784893
南京	0.824000	0.496933	0.243848	0.115445	0.333359
杭州	0.357574	0.560736	0.271002	0.144883	0.403031
宁波	0.071798	0.407362	0.095768	0.115015	0.226757
合肥	0.463356	0.252761	0.040126	0.109024	0.116196
福州	0.252210	0.287117	0.101564	0.027704	0.055471
厦门	0.397662	0.192638	0.252301	0.120363	0.188685
南昌	0.920138	0.163190	0.076069	0.043905	0.064799
青岛	0.231742	0.388957	0.049891	0.052207	0.208102
济南	0.622185	0.303067	0.177544	0.017282	0.114483
郑州	0.872369	0.328834	0.051404	0.042580	0.128036
武汉	0.871253	0.463804	0.158843	0.157170	0.226605
长沙	0.636780	0.278528	0.094815	0.043856	0.196947

续表

城市	万人普通高等学校在校学生数标准化	互联网接入量标准化	人均图书拥有比例（公共图书馆藏量）标准化	万人科技支出标准化	不同地区在百度上搜索"创新创业""风险投资"的平均值标准化
广州	0.945628	0.576687	0.246931	0.229933	0.395416
深圳	0.000000	0.504294	1.000000	1.000000	0.574355
南宁	0.355411	0.224540	0.063804	0.002934	0.025051
海口	0.527139	0.040491	0.102551	0.000000	0.033313
重庆	0.032985	1.000000	0.051628	0.014126	0.368271
成都	0.362247	0.768098	0.165200	0.038568	0.359324
贵阳	0.633787	0.115337	0.171478	0.043186	0.011878
昆明	0.668340	0.196319	0.032468	0.029713	0.067844
西安	0.581408	0.361963	0.073042	0.054603	0.307279
兰州	1.000000	0.105521	0.000000	0.018260	0.076601
西宁	0.164933	0.011043	0.034968	0.001834	0.000000
银川	0.332206	0.019632	0.220954	0.046490	0.023529
乌鲁木齐	0.644693	0.099387	0.052671	0.048212	0.029620

城市	万人教育业从业人员数标准化	高技术产业企业数标准化	政府透明度标准化	私募机构数标准化	租赁和商业服务业从业人员数标准化
北京	1.000000	0.496636	0.848859	0.716765	1.000000
天津	0.317384	0.330405	0.619297	0.085691	0.138463
石家庄	0.216757	0.066465	0.000000	0.017085	0.029609
太原	0.111508	0.011343	0.535409	0.005606	0.026940
呼和浩特	0.045595	0.004339	0.337690	0.002136	0.003324
沈阳	0.179128	0.064995	0.823432	0.006140	0.031031
大连	0.119101	0.081574	0.655181	0.020822	0.025512
长春	0.204855	0.105843	0.328660	0.012547	0.039317
哈尔滨	0.227655	0.036012	0.637120	0.009877	0.059150
上海	0.585364	0.620992	0.676331	1.000000	0.625663
南京	0.248300	0.423382	0.679420	0.060865	0.084130
杭州	0.331288	0.386453	0.625475	0.216765	0.136408
宁波	0.131651	0.294908	0.889021	0.083823	0.050239

附录　指标的标准化数据

续表

城市	万人教育业从业人员数标准化	高技术产业企业数标准化	政府透明度标准化	私募机构数标准化	租赁和商业服务业从业人员数标准化
合肥	0.157881	0.220247	1.000000	0.020021	0.024831
福州	0.190559	0.109336	0.816778	0.032034	0.065257
厦门	0.072270	0.063735	0.809173	0.053390	0.037784
南昌	0.101852	0.151157	0.590304	0.007742	0.024344
青岛	0.220614	0.198313	0.605751	0.025627	0.036705
济南	0.160165	0.126777	0.876901	0.021623	0.031967
郑州	0.250249	0.152633	0.894487	0.015750	0.068393
武汉	0.319247	0.238191	0.658508	0.052856	0.047319
长沙	0.171508	0.185471	0.737405	0.041111	0.025189
广州	0.459298	1.000000	0.974572	0.123865	0.269749
深圳	0.171561	0.997173	0.825333	0.887880	0.347407
南宁	0.180353	0.033022	0.540162	0.006941	0.030566
海口	0.040429	0.002469	0.609078	0.003203	0.009534
重庆	0.814255	0.422403	0.452709	0.046716	0.145175
成都	0.491560	0.251773	0.914211	0.057928	0.328467
贵阳	0.100207	0.048372	0.739068	0.007208	0.031170
昆明	0.190557	0.031527	0.359078	0.016551	0.061955
西安	0.281191	0.031109	0.701521	0.024826	0.060966
兰州	0.082092	0.005540	0.551568	0.003203	0.047496
西宁	0.000000	0.010186	0.285409	0.000000	0.000000
银川	0.008627	0.007988	0.882129	0.005873	0.004508
乌鲁木齐	0.054411	0.000000	0.230989	0.019754	0.019003

城市	规模以上工业企业设立研发机构个数标准化	企业与科研机构之间相互科技支出之和标准化	司法透明度标准化	科研机构之间的科研支出标准化	银行等金融机构对创新型企业或行为发放贷款、提供资金的增量标准化
北京	0.134177	1.000000	0.561151	1.000000	0.063846
天津	0.114318	0.105206	0.470324	0.006565	0.173433
石家庄	0.054321	0.016131	0.371403	0.000455	0.149516

附录　指标的标准化数据

城市	规模以上工业企业设立研发机构个数标准化	企业与科研机构之间相互科技支出之和标准化	司法透明度标准化	科研机构之间的科研支出标准化	银行等金融机构对创新型企业或行为发放贷款、提供资金的增量标准化
太原	0.015976	0.023256	0.244604	0.000209	0.148665
呼和浩特	0.006379	0.001775	0.140288	0.000042	0.147886
沈阳	0.028232	0.031562	0.316547	0.008650	0.124510
大连	0.035059	0.039737	0.345324	0.010625	0.148152
长春	0.013352	0.026635	0.755216	0.000090	0.175205
哈尔滨	0.011311	0.017721	0.212230	0.002426	0.151942
上海	0.126730	0.221290	0.561511	0.012116	1.000000
南京	0.616123	0.081413	0.877158	0.002170	0.153209
杭州	0.537810	0.074440	0.537770	0.002577	0.138731
宁波	0.412519	0.056152	0.865108	0.001974	0.147100
合肥	0.270007	0.042311	0.508993	0.000983	0.081870
福州	0.072360	0.011881	0.000000	0.000012	0.149355
厦门	0.043508	0.005574	0.444245	0.000000	0.000000
南昌	0.089822	0.016207	0.318345	0.010080	0.157217
青岛	0.161481	0.071309	0.256295	0.002441	0.097342
济南	0.104825	0.045058	0.275180	0.001587	0.165947
郑州	0.097678	0.026343	0.259892	0.000495	0.148716
武汉	0.093775	0.078022	0.179856	0.068023	0.148844
长沙	0.119920	0.094166	0.297662	0.003520	0.149206
广州	1.000000	0.768812	1.000000	0.002903	0.169418
深圳	0.997190	0.766643	0.492806	0.002895	0.128349
南宁	0.011023	0.002582	0.136691	0.003001	0.187943
海口	0.000000	0.009283	0.428417	0.000086	0.128829
重庆	0.259745	0.057719	0.341727	0.004450	0.159813
成都	0.095349	0.097289	0.735971	0.080138	0.146395
贵阳	0.022783	0.007244	0.181655	0.001287	0.147886
昆明	0.037245	0.003118	0.263489	0.001648	0.265682
西安	0.117442	0.025947	0.309353	0.004633	0.139687

续表

城市	规模以上工业企业设立研发机构个数标准化	企业与科研机构之间相互科技支出之和标准化	司法透明度标准化	科研机构之间的科研支出标准化	银行等金融机构对创新型企业或行为发放贷款、提供资金的增量标准化
兰州	0.006443	0.001047	0.253597	0.000461	0.148951
西宁	0.004771	0.000000	0.301259	0.000125	0.156719
银川	0.030053	0.005218	0.206835	0.000511	0.147886
乌鲁木齐	0.006710	0.005708	0.235612	0.000255	0.147524

城市	风险投资/私募股权投资融资总披露金额标准化	风险资本市场的发展程度（创投市场投资）标准化	以该城市为就业意向城市的本科及以上求职人员的数量比重标准化	规模以上企业研发机构中研究人员的数量标准化	本科及以上求职人员的平均期望薪酬标准化
北京	1.000000	1.000000	1.000000	0.639708	1.000000
天津	0.022688	0.040301	0.256998	0.584239	0.499749
石家庄	0.001170	0.000486	0.111226	0.140386	0.275073
太原	0.000365	0.000000	0.084560	0.064294	0.058680
呼和浩特	0.000000	0.000085	0.026947	0.036320	0.103763
沈阳	0.000479	0.000172	0.165437	0.133454	0.047441
大连	0.024790	0.000773	0.108013	0.165285	0.182202
长春	0.001217	0.002359	0.100065	0.111507	0.063455
哈尔滨	0.000696	0.003090	0.087616	0.117486	0.005205
上海	0.450998	0.957611	0.556021	1.000000	0.800253
南京	0.113478	0.112947	0.272353	0.514742	0.469535
杭州	0.347599	0.413153	0.303314	0.561907	0.635777
宁波	0.015146	0.008240	0.060677	0.429973	0.560334
合肥	0.003327	0.005055	0.136410	0.228783	0.260192
福州	0.004008	0.004934	0.072229	0.184195	0.324209
厦门	0.005815	0.061824	0.069488	0.110037	0.423091
南昌	0.000186	0.000833	0.059019	0.091779	0.390991
青岛	0.004634	0.005490	0.170046	0.356836	0.367755
济南	0.011923	0.006425	0.156812	0.230801	0.417793
郑州	0.001142	0.001920	0.252087	0.225575	0.231055

附录　指标的标准化数据

续表

城市	风险投资/私募股权投资融资总披露金额标准化	风险资本发展程度（创投市场投资）标准化	以该城市为就业意向城市的本科及以上求职人员的数量比重标准化	规模以上企业研发机构中研究人员的数量标准化	本科及以上求职人员的平均期望薪酬标准化
武汉	0.019133	0.025491	0.240937	0.330427	0.285758
长沙	0.007705	0.006908	0.164128	0.278909	0.327635
广州	0.127234	0.098365	0.364818	0.892706	0.491295
深圳	0.161174	0.320153	0.462734	0.890184	0.779351
南宁	0.000000	0.000337	0.023079	0.029458	0.281902
海口	0.001711	0.001148	0.026867	0.000000	0.219772
重庆	0.011335	0.018665	0.186984	0.551736	0.214270
成都	0.038577	0.049759	0.390396	0.287137	0.261575
贵阳	0.004254	0.002921	0.066235	0.040695	0.193660
昆明	0.001812	0.000035	0.064521	0.045980	0.220855
西安	0.031734	0.037006	0.263680	0.055318	0.289242
兰州	0.000487	0.000128	0.031715	0.015338	0.000000
西宁	0.000000	0.000265	0.000000	0.005733	0.038295
银川	0.001295	0.002079	0.010380	0.038343	0.049010
乌鲁木齐	0.000000	0.003650	0.019918	0.012343	0.253210

城市	专利授权数量标准化	上市企业营业收入标准化	商标注册数量标准化	技术合同成交额（输出技术成交额加吸纳技术成交额）标准化	高科技产业的主营收入量标准化	电商发展指数标准化
北京	1.000000	0.387896	1.000000	1.000000	0.470573	0.576597
天津	0.382825	0.224633	0.190566	0.216438	0.300806	0.137373
石家庄	0.059701	0.018421	0.075039	0.005516	0.034741	0.132149
太原	0.040809	0.007147	0.023714	0.023016	0.022280	0.123373
呼和浩特	0.006638	0.004584	0.008746	0.000770	0.005299	0.072537
沈阳	0.082299	0.023264	0.084751	0.075974	0.037423	0.105701
大连	0.062225	0.028882	0.059964	0.040417	0.046524	0.101522
长春	0.066215	0.011439	0.042071	0.084160	0.089463	0.063672

附录 指标的标准化数据

城市	专利授权数标准化	上市企业营业收入标准化	商标注册数量标准化	技术合同成交额（输出技术成交额加吸纳技术成交额）标准化	高科技产业的主营收入量标准化	电商发展指数标准化
哈尔滨	0.103327	0.005578	0.073416	0.048849	0.018715	0.038209
上海	0.677178	0.436462	0.847902	0.339146	0.767225	0.610925
南京	0.292036	0.264804	0.133747	0.085298	0.455100	0.338597
杭州	0.388045	0.219785	0.337500	0.065445	0.152205	1.000000
宁波	0.338556	0.137800	0.193031	0.021858	0.116274	0.273970
合肥	0.191772	0.079767	0.072992	0.063475	0.098743	0.268209
福州	0.095300	0.045512	0.077996	0.019730	0.070027	0.246239
厦门	0.127561	0.044836	0.146232	0.023130	0.061889	0.375821
南昌	0.066698	0.033706	0.038503	0.009032	0.098643	0.161134
青岛	0.214474	0.107863	0.122311	0.049563	0.195656	0.194985
济南	0.152637	0.069937	0.093412	0.057392	0.126863	0.194418
郑州	0.189692	0.125576	0.143297	0.007276	0.160416	0.247940
武汉	0.230151	0.068598	0.104850	0.116639	0.122216	0.410119
长沙	0.151124	0.085398	0.123099	0.022356	0.116702	0.236239
广州	0.557994	1.000000	0.627321	0.121412	1.000000	0.830418
深圳	0.879937	0.997191	0.560429	0.316104	0.997187	0.867851
南宁	0.001617	0.004417	0.034123	0.008312	0.043599	0.123582
海口	0.002496	0.000000	0.022412	0.005414	0.003016	0.145134
重庆	0.317631	0.216349	0.231257	0.063170	0.338532	0.090358
成都	0.377275	0.115103	0.255202	0.135510	0.240703	0.234537
贵阳	0.042114	0.008636	0.030255	0.029583	0.027147	0.101821
昆明	0.066471	0.004394	0.096059	0.015133	0.012231	0.125045
西安	0.225556	0.010008	0.117273	0.182108	0.028164	0.202806
兰州	0.028905	0.002182	0.008746	0.007542	0.001210	0.064925
西宁	0.000000	0.000965	0.000000	0.006816	0.006383	0.000000
银川	0.008680	0.009121	0.003879	0.000380	0.012504	0.079164
乌鲁木齐	0.022541	0.000565	0.038365	0.000000	0.000000	0.081642

附录 指标的标准化数据

续表

城市	城市维护建设资金支出标准化	城市道路面积标准化	排水管长度标准化	绿化覆盖率标准化	剧场与影剧院数量标准化	公共图书馆藏书量标准化
北京	1.000000	0.510835	0.924712	1.000000	1.000000	0.350854
天津	0.296811	0.758860	1.000000	0.202997	0.093284	0.208830
石家庄	0.079787	0.247912	0.054969	0.727520	0.059701	0.043371
太原	0.070727	0.247968	0.076172	0.547684	0.055970	0.089720
呼和浩特	0.011978	0.248025	0.058307	0.417575	0.037313	0.059555
沈阳	0.063616	0.248081	0.271313	0.350136	0.152985	0.181512
大连	0.041214	0.248138	0.107828	0.873297	0.007463	0.300621
长春	0.061673	0.248194	0.230675	0.519074	0.097015	0.061238
哈尔滨	0.300939	0.292833	0.117644	0.000000	0.283582	0.118721
上海	0.096255	0.541817	0.927656	0.365123	0.417910	1.000000
南京	0.277130	0.788318	0.413497	0.760218	0.186567	0.084412
杭州	0.057412	0.394808	0.380319	0.423706	0.208955	0.288969
宁波	0.039515	0.161230	0.207853	0.416213	0.164179	0.099430
合肥	0.530570	0.452427	0.324908	0.635559	0.138060	0.066675
福州	0.096640	0.132901	0.089718	0.723433	0.100746	0.103055
厦门	0.221226	0.234481	0.122503	0.670981	0.003731	0.080787
南昌	0.000000	0.121050	0.125448	0.608992	0.018657	0.021233
青岛	0.019797	0.406377	0.319117	0.361717	0.134328	0.084283
济南	0.092603	0.458521	0.240196	0.476158	0.078358	0.170119
郑州	0.020853	0.255418	0.176491	0.453678	0.037313	0.093345
武汉	0.097868	0.511174	0.416442	0.049728	0.414179	0.100725
长沙	0.057692	0.197799	0.122110	0.568120	0.044776	0.118591
广州	0.186599	0.661287	0.466454	0.596730	0.186567	0.332082
深圳	0.040061	0.612641	0.635583	0.773842	0.343284	0.521233
南宁	0.177240	0.196388	0.041963	0.581744	0.052239	0.084542
海口	0.005260	0.034650	0.042994	0.628747	0.018657	0.000000
重庆	0.234549	1.000000	0.808344	0.426431	0.029851	0.210124
成都	0.170581	0.671501	0.488393	0.537466	0.063433	0.252330
贵阳	0.000482	0.092664	0.137963	0.487738	0.003731	0.054894

附录　指标的标准化数据

续表

城市	城市维护建设资金支出标准化	城市道路面积标准化	排水管长度标准化	绿化覆盖率标准化	剧场与影剧院数量标准化	公共图书馆藏书量标准化
昆明	0.081099	0.269526	0.204613	0.566076	0.011194	0.044925
西安	0.317952	0.549323	0.234994	0.502044	0.167910	0.153418
兰州	0.011092	0.061456	0.019288	0.194142	0.052239	0.008027
西宁	0.045458	0.000000	0.000000	0.494550	0.018657	0.016183
银川	0.085807	0.069977	0.013301	0.562670	0.029851	0.048291
乌鲁木齐	0.022912	0.102201	0.050307	0.549046	0.000000	0.034179

城市	科学技术支出标准化	教育支出标准化	政府透明度标准化	司法透明度指数标准化	非户籍人口占比标准化	外资企业工业总产值占 GDP 比重标准化
北京	0.927534	1.000000	0.822859	0.561151	0.000000	0.305985
天津	0.295511	0.447068	0.751112	0.470324	0.694392	0.559748
石家庄	0.023167	0.167527	0.281980	0.371403	0.879583	0.120173
太原	0.044946	0.000000	0.000000	0.244604	0.820171	0.172488
呼和浩特	0.006707	0.048357	0.185762	0.140288	1.000000	0.067927
沈阳	0.038869	0.111902	0.548943	0.316547	0.642805	0.620467
大连	0.028632	0.106451	0.776140	0.345324	0.641646	0.532172
长春	0.032313	0.117419	0.460790	0.755216	0.820171	0.330937
哈尔滨	0.019776	0.122727	0.730812	0.212230	0.703087	0.163245
上海	1.000000	0.905485	0.810345	0.561511	0.239096	0.240621
南京	0.170355	0.219937	0.471913	0.877158	0.842632	0.357065
杭州	0.234723	0.284134	0.585651	0.537770	0.683669	0.336375
宁波	0.148479	0.216555	0.832036	0.865108	0.838864	0.620149
合肥	0.176264	0.140502	0.828977	0.508993	0.815389	0.223583
福州	0.047895	0.155101	0.822859	0.000000	0.757282	0.120578
厦门	0.058342	0.121022	0.815628	0.444245	0.742501	1.000000
南昌	0.053287	0.096627	0.384316	0.318345	0.815099	0.319793
青岛	0.096540	0.257519	0.998610	0.256295	0.930155	0.318537
济南	0.030463	0.142114	0.780033	0.275180	0.843211	0.065526
郑州	0.084629	0.176190	0.666574	0.259892	0.820171	0.449048
武汉	0.287873	0.272325	0.782814	0.179856	0.765831	0.419241

城市	科学技术支出标准化	教育支出标准化	政府透明度标准化	司法透明度指数标准化	非户籍人口占比标准化	外资企业工业总产值占GDP比重标准化
长沙	0.072701	0.177546	0.350111	0.297662	0.092305	0.206930
广州	0.437718	0.414751	0.828699	1.000000	0.770758	0.571200
深圳	0.902090	0.524189	1.000000	0.492806	0.614114	0.634767
南宁	0.013863	0.114999	0.474416	0.136691	0.820171	0.243312
海口	0.000000	0.025305	0.769744	0.967986	0.725257	0.047313
重庆	0.149815	0.646623	0.601780	0.341727	0.339371	0.318660
成都	0.134253	0.254138	0.838988	0.735971	0.782205	0.400409
贵阳	0.040122	0.101816	0.739711	0.181655	0.820171	0.040378
昆明	0.040737	0.115816	0.478587	0.263489	0.820171	0.022804
西安	0.113752	0.132244	0.485539	0.309353	0.464715	0.076443
兰州	0.014742	0.076283	0.030868	0.253597	0.820171	0.071684
西宁	0.001334	0.041014	0.298943	0.301259	0.982466	0.000000
银川	0.018422	0.030033	0.816185	0.206835	1.000000	0.289166
乌鲁木齐	0.023016	0.067739	0.041713	0.235612	0.889002	0.027895

城市	商标注册数量标准化	企业所得税总额标准化	劳动力市场化程度标准化	每万人拥有的咖啡馆数量标准化	新增市场主体标准化	每万人拥有的市场主体数标准化
北京	1.000000	0.876682	0.000000	0.678183	0.582299	0.248072
天津	0.094323	0.219214	0.578805	0.326753	0.447586	0.197377
石家庄	0.043833	0.018602	0.703004	0.201753	0.252874	0.075507
太原	0.008751	0.024561	0.608505	0.119309	0.121149	0.152935
呼和浩特	0.006062	0.010510	0.638205	0.074940	0.137931	0.004687
沈阳	0.034132	0.062948	0.559568	0.260526	0.307126	0.081767
大连	0.043844	0.062816	0.582518	0.217315	0.181609	0.163033
长春	0.026773	0.042195	0.713466	0.161463	0.252874	0.000000
哈尔滨	0.039725	0.026792	0.569355	0.207796	0.209195	0.037760
上海	0.726838	1.000000	0.331758	1.000000	0.680000	0.109182
南京	0.074115	0.126262	0.855889	0.317687	0.393103	0.636765
杭州	0.224468	0.190676	0.558218	0.419017	0.379770	0.431098
宁波	0.170371	0.125658	0.787715	0.216761	0.312644	0.286075

附录　指标的标准化数据

续表

城市	商标注册数量标准化	企业所得税总额标准化	劳动力市场化程度标准化	每万人拥有的咖啡馆数量标准化	新增市场主体标准化	每万人拥有的市场主体数标准化
合肥	0.055698	0.044088	0.708404	0.229351	0.379310	0.210341
福州	0.097183	0.061763	0.662167	0.139656	0.110345	0.122996
厦门	0.056033	0.078057	0.795140	0.197925	0.149425	0.347136
南昌	0.030869	0.035730	0.739791	0.297895	0.078161	0.071273
青岛	0.070843	0.057767	0.693554	0.377015	0.563218	1.000000
济南	0.043304	0.102335	0.039487	0.287973	0.229885	0.162525
郑州	0.066142	0.100484	0.741478	0.794369	0.291954	0.065836
武汉	0.074465	0.157169	0.563955	0.630540	0.340230	0.190435
长沙	0.067228	0.042840	0.819102	0.254583	0.312644	0.114116
广州	0.465811	0.134039	0.642254	0.150232	0.864598	0.216977
深圳	0.464480	0.474944	0.282484	0.627065	1.000000	0.288744
南宁	0.011644	0.022270	0.708066	0.182564	0.224368	0.005393
海口	0.003295	0.011818	0.645629	0.155218	0.061609	0.019116
重庆	0.192416	0.142865	0.716166	0.247280	0.866667	0.088841
成都	0.123662	0.093332	1.000000	0.014605	0.418391	0.005248
贵阳	0.015545	0.023976	0.363483	0.327609	0.085057	0.104440
昆明	0.038191	0.018491	0.611542	0.019138	0.172414	0.122583
西安	0.011323	0.032845	0.866689	0.000000	0.609315	0.032188
兰州	0.000000	0.011615	0.928451	0.002568	0.509425	0.070024
西宁	0.003026	0.000000	0.695241	0.090653	0.000000	0.040677
银川	0.012686	0.002984	0.759703	0.223660	0.039080	0.063245
乌鲁木齐	0.016262	0.002121	0.611880	0.132051	0.025287	0.125121

城市	营商环境标准化	实际利用外资总额标准化	个体劳动者占比标准化	互联网用户数量标准化	每万人拥有的专利数量指数标准化	研究与实验经费支出标准化
北京	0.950669	1.000000	0.129360	0.601227	1.000000	1.000000
天津	0.843317	0.435865	0.238763	0.352147	0.382825	0.287946
石家庄	0.330045	0.057096	0.155459	0.326380	0.059701	0.078014
太原	0.270613	0.004167	0.209298	0.109202	0.040809	0.023287
呼和浩特	0.008457	0.014881	0.466003	0.000000	0.006638	0.017598

续表

城市	营商环境标准化	实际利用外资总额标准化	个体劳动者占比标准化	互联网用户数量标准化	每万人拥有的专利数量指数标准化	研究与实验经费支出标准化
沈阳	0.533474	0.041393	0.077088	0.182822	0.082299	0.085548
大连	0.635659	0.133321	0.234152	0.141104	0.062225	0.100845
长春	0.353770	0.135430	0.208511	0.154601	0.066215	0.056160
哈尔滨	0.235377	0.141275	0.036702	0.209816	0.103327	0.057975
上海	1.000000	0.698993	0.406119	0.771779	0.677178	0.762138
南京	0.917548	0.150753	1.000000	0.496933	0.292036	0.145592
杭州	0.848955	0.271509	0.234792	0.560736	0.388045	0.248623
宁波	0.841907	0.165439	0.682860	0.407362	0.338556	0.248623
合肥	0.704017	0.123934	0.299883	0.252761	0.191772	0.140658
福州	0.429175	0.081380	0.244418	0.287117	0.095300	0.095009
厦门	0.647639	0.097538	0.982680	0.192638	0.127561	0.086999
南昌	0.373268	0.158624	0.293755	0.163190	0.066698	0.032619
青岛	0.724219	0.317758	0.779398	0.388957	0.214474	0.000000
济南	0.674184	0.076897	0.408776	0.303067	0.152637	0.114165
郑州	0.589147	0.166251	0.145204	0.328834	0.189692	0.097442
武汉	0.880902	0.396359	0.218543	0.463804	0.230151	0.269148
长沙	0.674419	0.215614	0.177799	0.278528	0.151124	0.154075
广州	0.919897	0.258331	0.362793	0.576687	0.557994	0.213515
深圳	0.947146	0.304038	0.558390	0.504294	0.879937	0.617135
南宁	0.112521	0.009071	0.177069	0.224540	0.001617	0.026865
海口	0.677472	0.000948	0.564416	0.040491	0.002496	0.004336
重庆	0.559079	0.418380	0.411361	1.000000	0.317631	0.228175
成都	0.797745	0.412561	0.138522	0.768098	0.377275	0.206978
贵阳	0.453371	0.055074	0.000000	0.115337	0.042114	0.026756
昆明	0.452196	0.032706	0.206962	0.196319	0.066471	0.018908
西安	0.767912	0.217932	0.137872	0.361963	0.225556	0.225344
兰州	0.000000	0.003888	0.270759	0.105521	0.028905	0.026346
西宁	0.252995	0.005040	0.122853	0.011043	0.000000	0.000922
银川	0.004228	0.001023	0.200434	0.019632	0.008680	0.012496
乌鲁木齐	0.099601	0.000000	0.418750	0.099387	0.022541	0.011008

附录　指标的标准化数据

续表

城市	货运总量指数标准化	民用航空货邮运量指数标准化	客运总量指数标准化	高新区企业工业总产值标准化	规模以上工业企业科研机构数量标准化	私募公司数量标准化
北京	0.170337	0.411155	0.531289	0.394206	0.134177	1.000000
天津	0.375363	0.013710	0.133678	0.221419	0.114318	0.022688
石家庄	0.399183	0.005933	0.035977	0.052868	0.054321	0.001170
太原	0.000000	0.007685	0.000000	0.087385	0.015976	0.000365
呼和浩特	0.166249	0.005601	0.002336	0.000000	0.006379	0.000000
沈阳	0.194934	0.011187	0.144627	0.078068	0.028232	0.000479
大连	0.364720	0.015309	0.077235	0.075762	0.035059	0.024790
长春	0.104453	0.011859	0.060537	0.071315	0.013352	0.001217
哈尔滨	0.069049	0.006642	0.065920	0.071315	0.011311	0.000696
上海	0.843531	1.000000	0.081257	0.694935	0.126730	0.450998
南京	0.247264	0.015613	0.099215	0.178970	0.616123	0.113478
杭州	0.300484	0.136027	0.144658	0.244957	0.537810	0.347599
宁波	0.436383	0.036425	0.042528	0.246239	0.412519	0.015146
合肥	0.338668	0.012758	0.076890	0.199452	0.270007	0.003327
福州	0.246061	0.025998	0.097376	0.040933	0.072360	0.004008
厦门	0.256939	0.076545	0.063502	0.109073	0.043508	0.005815
南昌	0.118172	0.008611	0.028511	0.129166	0.089822	0.000186
青岛	0.231270	0.050939	0.059216	0.178153	0.161481	0.004634
济南	0.210858	0.008061	0.028186	0.141390	0.104825	0.011923
郑州	0.192537	0.050524	0.082212	0.082589	0.097678	0.001142
武汉	0.438283	0.034260	0.108031	0.177210	0.093775	0.019133
长沙	0.360894	0.032971	0.065270	0.247999	0.119920	0.007705
广州	1.000000	0.309716	1.000000	0.318967	1.000000	0.127234
深圳	0.280742	0.271076	0.100149	1.000000	0.997190	0.161174
南宁	0.304284	0.011167	0.050420	0.084895	0.011023	0.000000
海口	0.078959	0.079546	0.057246	0.014620	0.000000	0.001711
重庆	0.989550	0.027661	0.565844	0.427587	0.259745	0.011335
成都	0.232064	0.148726	0.140747	0.130624	0.095349	0.038577

附录　指标的标准化数据

续表

城市	货运总量指数标准化	民用航空货邮运量指数标准化	客运总量指数标准化	高新区企业工业总产值标准化	规模以上工业企业科研机构数量标准化	私募公司数量标准化
贵阳	0.390964	0.020487	0.703656	0.107541	0.022783	0.004254
昆明	0.230286	0.095498	0.089809	0.062287	0.037245	0.001812
西安	0.213516	0.057854	0.188384	0.173117	0.014009	0.031734
兰州	0.104941	0.010652	0.045514	0.048150	0.006443	0.000487
西宁	0.060673	0.003321	0.015215	0.002291	0.004771	0.000000
银川	0.067925	0.000000	0.020040	0.000850	0.030053	0.001295
乌鲁木齐	0.149445	0.012453	0.013519	0.019707	0.006710	0.000000

城市	律师事务所数量标准化	国家技术转移示范机构标准化	高新区入统高新技术企业数量标准化	小微企业数量标准化	科学研究与技术服务业企业数量标准化	教育法人单位数量标准化
北京	1.000000	1.000000	1.000000	1.000000	0.677425	1.000000
天津	0.397935	0.175439	0.111760	0.310222	0.133063	0.297752
石家庄	0.071088	0.086158	0.021353	0.095182	0.030060	0.271162
太原	0.099285	0.078659	0.027498	0.034934	0.010126	0.076231
呼和浩特	0.015488	0.000000	0.000307	0.005586	0.002360	0.021616
沈阳	0.066720	0.058954	0.017974	0.136463	0.047335	0.207365
大连	0.120334	0.087719	0.033797	0.141718	0.032565	0.210426
长春	0.071485	0.115046	0.012367	0.084162	0.016427	0.231468
哈尔滨	0.079031	0.092450	0.012597	0.065441	0.019211	0.169488
上海	0.633439	0.438596	0.288271	0.626910	0.157159	0.507891
南京	0.267673	0.149460	0.053844	0.126129	0.057923	0.229077
杭州	0.042891	0.182806	0.053537	0.301639	0.098388	0.287901
宁波	0.006354	0.087719	0.024426	0.240133	0.030127	0.268101
合肥	0.062351	0.127685	0.065212	0.112440	0.035696	0.159828
福州	0.094519	0.011592	0.012827	0.079361	0.021312	0.220947
厦门	0.085782	0.035088	0.049927	0.087711	0.015974	0.067241
南昌	0.047657	0.023473	0.015285	0.033324	0.005251	0.071832
青岛	0.144559	0.210526	0.026116	0.078235	0.325850	0.230416

续表

城市	律师事务所数量标准化	国家技术转移示范机构标准化	高新区人统高新技术企业数量标准化	小微企业数量标准化	科学研究与技术服务业企业数量标准化	教育法人单位数量标准化
济南	0.164416	0.155593	0.038405	0.099102	0.027892	0.170253
郑州	0.160842	0.064978	0.061449	0.077398	0.958340	0.268006
武汉	0.083002	0.183576	0.135418	0.165715	0.051805	0.282066
长沙	0.115171	0.083524	0.060834	0.099724	1.000000	0.218364
广州	0.147736	0.208676	0.220754	0.280381	0.094380	0.367384
深圳	0.218030	0.210526	0.116522	0.366472	0.104766	0.294596
南宁	0.067117	0.044551	0.027806	0.052088	0.505920	0.004974
海口	0.018268	0.000000	0.006299	0.038514	0.002505	0.044572
重庆	0.609214	0.096930	0.039865	0.329340	0.060303	0.903204
成都	0.283558	0.289642	0.092019	0.108867	0.029125	0.368341
贵阳	0.077840	0.015240	0.028190	0.031005	0.005819	0.063893
昆明	0.139396	0.119953	0.013749	0.071674	0.019886	0.174845
西安	0.135425	0.297934	0.088563	0.091866	0.000000	0.253659
兰州	0.035743	0.108200	0.013288	0.025470	0.005993	0.080153
西宁	0.000000	0.035088	0.003072	0.000000	0.000125	0.004974
银川	0.008737	0.000000	0.000000	0.028759	0.000145	0.000000
乌鲁木齐	0.022240	0.078821	0.012367	0.035242	0.010126	0.021138

城市	城市宜居指数标准化	职工平均工资标准化	腾讯城市创新创业先锋指数标准化	科企合作指数标准化	科研合作指数标准化	高新企业占比标准化
北京	0.000000	1.000000	1.000000	1.000000	1.000000	0.698922
天津	0.314035	0.471158	0.060537	0.106612	0.006565	0.399580
石家庄	0.180702	0.066694	0.014072	0.017677	0.000455	0.378925
太原	0.095614	0.125574	0.004368	0.024790	0.000209	0.345590
呼和浩特	0.142982	0.000000	0.000000	0.003343	0.000042	0.285867
沈阳	0.320175	0.154318	0.012713	0.033084	0.008650	0.343119
大连	0.649123	0.261438	0.016918	0.041245	0.010625	0.406177
长春	0.321930	0.144417	0.011354	0.028164	0.000090	0.180492
哈尔滨	0.050877	0.061994	0.010539	0.019264	0.002426	0.527173

续表

城市	城市宜居指数标准化	职工平均工资标准化	腾讯城市创新创业先锋指数标准化	科企合作指数标准化	科研合作指数标准化	高新企业占比标准化
上海	0.391228	0.941190	0.541307	0.222514	0.012116	0.818698
南京	0.268421	0.534251	0.057851	0.082856	0.002170	0.624825
杭州	0.398246	0.467056	0.164261	0.075894	0.002577	0.386032
宁波	0.255263	0.398011	0.006676	0.057634	0.001974	0.601132
合肥	0.276316	0.200250	0.012725	0.043816	0.000983	0.784607
福州	0.360526	0.167557	0.045754	0.013433	0.000012	0.909079
厦门	0.456140	0.171993	0.045817	0.007137	0.000000	0.709974
南昌	0.108772	0.133528	0.018348	0.017752	0.010080	0.496343
青岛	1.000000	0.284453	0.027990	0.072768	0.002441	1.000000
济南	0.360526	0.299833	0.017506	0.046558	0.001587	0.631724
郑州	0.169298	0.102934	0.018964	0.027872	0.000495	0.652981
武汉	0.181579	0.230844	0.052577	0.079471	0.068023	0.682363
长沙	0.383333	0.307370	0.027990	0.095589	0.003520	0.701132
广州	0.047368	0.494062	0.160470	0.769175	0.002903	0.904220
深圳	0.446491	0.515770	0.487148	0.767010	0.002895	0.872390
南宁	0.154386	0.172396	0.004304	0.004149	0.003001	0.524797
海口	0.337719	0.068878	0.008397	0.010839	0.000086	0.422825
重庆	0.421667	0.141677	0.066085	0.059200	0.004450	0.494146
成都	0.358772	0.225393	0.092660	0.098708	0.080138	0.744956
贵阳	0.180702	0.150953	0.005655	0.008803	0.001287	0.532058
昆明	0.739474	0.184481	0.014370	0.004684	0.001648	0.676590
西安	0.251754	0.204283	0.029221	0.002616	0.000461	0.313718
兰州	0.322807	0.175567	0.004515	0.001571	0.000125	0.333097
西宁	0.177193	0.145404	0.007924	0.006781	0.000511	0.508931
银川	0.135965	0.196384	0.006812	0.007270	0.000255	0.000000
乌鲁木齐	0.314912	0.208427	0.002114	0.000000	0.002252	0.370633

附录　指标的标准化数据

城市	"互联网+"指数标准化	"互联网+"智慧城市指数标准化	城市年净流入人口标准化	外资、港澳台投资企业比例标准化	2017年高新技术企业外籍常驻人员占常住人口比重标准化	高新技术企业创汇能力标准化
北京	0.534032	1.000000	0.000000	0.492131	0.567974	0.191666
天津	0.095258	0.359790	0.220199	0.653725	0.130432	1.000000
石家庄	0.055866	0.137815	1.000000	0.000000	0.064489	0.004943
太原	0.045143	0.161867	0.236803	0.051595	0.064161	0.000176
呼和浩特	0.028245	0.052403	0.201763	0.137484	0.004517	0.005312
沈阳	0.076229	0.199721	0.215275	0.422574	0.034534	0.007124
大连	0.047747	0.110883	0.195809	0.819024	0.094058	0.014701
长春	0.049947	0.157781	0.201534	0.177964	0.019117	0.017486
哈尔滨	0.055859	0.117761	0.148288	0.068287	0.009419	0.017763
上海	0.389886	0.827623	0.215046	1.000000	0.984778	0.015012
南京	0.100643	0.357499	0.246880	0.502652	0.188689	0.016750
杭州	0.179789	0.415405	0.575976	0.312868	0.249964	0.013265
宁波	0.092140	0.198242	0.302302	0.422416	0.564010	0.027015
合肥	0.064584	0.208152	0.328638	0.111470	0.278874	0.017921
福州	0.128780	0.194973	0.280545	0.569173	0.096942	0.031148
厦门	0.116597	0.196193	0.246193	0.856841	0.741751	0.033147
南昌	0.052347	0.173813	0.282263	0.160474	0.334581	0.022560
青岛	0.090307	0.231877	0.308371	0.669100	0.080048	0.023350
济南	0.079925	0.229285	0.348334	0.098404	0.102844	0.017772
郑州	0.156538	0.270932	0.481278	0.004659	0.089971	0.004929
武汉	0.253231	0.379630	0.296576	0.243220	0.469171	0.013003
长沙	0.168040	0.229699	0.459865	0.040318	0.334911	0.013087
广州	0.672976	0.462336	0.653842	0.687975	0.239514	0.005519
深圳	1.000000	0.512835	0.759533	0.709378	1.000000	0.019932
南宁	0.082041	0.113785	0.304363	0.116459	0.018598	0.013717
海口	0.034922	0.083458	0.206229	0.550668	0.033856	0.005067
重庆	0.213057	0.304394	0.341349	0.070848	0.062610	0.012785
成都	0.277608	0.322657	0.352342	0.137472	0.054741	0.030501

附录　指标的标准化数据

城市	"互联网＋"指数标准化	"互联网＋"智慧城市指数标准化	城市年净流入人口标准化	外资、港澳台投资企业比例标准化	2017年高新技术企业外籍常驻人员占常住人口比重标准化	高新技术企业创汇能力标准化
贵阳	0.039639	0.130067	0.280431	0.024661	0.057856	0.003642
昆明	0.083989	0.132508	0.387038	0.115556	0.026172	0.000916
西安	0.131938	0.351019	0.407077	0.134544	0.261340	0.027700
兰州	0.018329	0.154292	0.258216	0.039216	0.008935	0.004225
西宁	0.000000	0.035336	0.207374	0.038475	0.050322	0.000000
银川	0.016320	0.066299	0.203367	0.048068	0.000000	0.103639
乌鲁木齐	0.021235	0.089016	0.218482	0.028840	0.234370	0.001160

城市	企业数量增长率标准化	高新技术企业增长率标准化	政府研发投资基金规模标准化	五年专利数标准化	规模以上企业的研发支出标准化	风险市场发展程度标准化
北京	0.000000	0.112782	0.927534	1.000000	0.927534	1.000000
天津	0.154292	0.067035	0.295511	0.382825	0.295511	0.040301
石家庄	0.662476	0.344887	0.023089	0.059701	0.023167	0.000486
太原	0.201212	0.156553	0.044946	0.040809	0.044946	0.000000
呼和浩特	0.192370	0.155048	0.006707	0.006638	0.006707	0.000085
沈阳	0.284789	0.414092	0.038869	0.082299	0.038869	0.000172
大连	0.522496	0.267728	0.028632	0.062225	0.028632	0.000773
长春	0.135368	0.362655	0.032313	0.066215	0.032313	0.002359
哈尔滨	0.264307	0.246667	0.019776	0.103327	0.019776	0.003090
上海	0.042938	0.275427	1.000000	0.677178	1.000000	0.957611
南京	0.198054	0.193079	0.170355	0.292036	0.170355	0.112947
杭州	0.219928	0.139009	0.234723	0.388045	0.234723	0.413153
宁波	0.177900	0.250038	0.148479	0.338556	0.148479	0.008240
合肥	0.377145	0.310096	0.176264	0.191772	0.176264	0.005055
福州	0.157657	0.366015	0.047895	0.095300	0.047895	0.004934
厦门	0.167377	0.215897	0.058342	0.127561	0.058342	0.061824
南昌	0.046742	0.244201	0.053698	0.066698	0.053184	0.000833
青岛	0.225197	0.238536	0.096540	0.214474	0.096540	0.005490

附录　指标的标准化数据

城市	企业数量增长率标准化	高新技术企业增长率标准化	政府研发投资基金规模标准化	五年专利数标准化	规模以上企业的研发支出标准化	风险市场发展程度标准化
济南	0.515212	0.373152	0.030463	0.152637	0.030463	0.006425
郑州	0.220251	1.000000	0.084629	0.189692	0.084629	0.001920
武汉	0.256507	0.251646	0.287873	0.230151	0.287873	0.025491
长沙	0.312175	0.254935	0.072701	0.151124	0.072701	0.006908
广州	0.329683	0.543522	0.437718	0.557994	0.437718	0.098365
深圳	0.349320	0.236410	0.902090	0.879937	0.902090	0.320153
南宁	0.039996	0.205348	0.013863	0.001617	0.013863	0.000337
海口	0.245380	0.070655	0.000000	0.002496	0.000000	0.001148
重庆	0.137326	0.196418	0.149815	0.317631	0.149815	0.018665
成都	0.224443	0.205155	0.134253	0.377275	0.134253	0.049759
贵阳	0.434027	0.354065	0.040122	0.042114	0.040122	0.002921
昆明	0.369676	0.000000	0.040737	0.066471	0.040737	0.000035
西安	0.175832	0.109763	0.113752	0.225556	0.113752	0.037006
兰州	0.026731	0.239217	0.014742	0.028905	0.014742	0.000128
西宁	1.000000	0.281906	0.001334	0.000000	0.001334	0.000265
银川	0.899772	0.465144	0.018422	0.008680	0.018422	0.002079
乌鲁木齐	0.209942	0.225524	0.023016	0.022541	0.023016	0.003650

城市	科研人员密度标准化	在校大学生数占总人口比重标准化	高校专任教师数量占总人口比重标准化	高新区归国人员密度标准化	高新区高级职称人才密度标准化	高新区大专以上就业人员密度标准化
北京	0.824390	0.522253	1.000000	0.338637	0.494977	0.314730
天津	0.443902	0.443501	0.408556	0.320738	0.291539	0.253863
石家庄	0.170732	0.389153	0.338648	0.124045	0.644604	0.339877
太原	0.073171	0.368489	0.288064	0.054947	0.548682	0.119453
呼和浩特	0.121951	0.166253	0.118488	0.000000	0.000000	0.170043
沈阳	0.219512	0.325798	0.338372	0.407915	0.376620	0.161456
大连	0.073171	0.212095	0.211821	0.769136	0.609671	0.283600
长春	0.024390	0.366111	0.349940	0.316913	0.284764	0.176367
哈尔滨	0.121951	0.437676	0.424316	0.049072	0.483705	0.139610

附录　指标的标准化数据

城市	科研人员密度标准化	在校大学生数占总人口比重标准化	高校专任教师数量占总人口比重标准化	高新区归国人员密度标准化	高新区高级职称人才密度标准化	高新区大专以上就业人员密度标准化
上海	0.463415	0.443751	0.598650	0.471428	0.349456	0.283741
南京	0.404878	0.651807	0.698609	0.264280	0.325991	0.157273
杭州	0.439024	0.353985	0.389935	0.242082	0.265540	0.296698
宁波	0.414634	0.082456	0.062335	0.141013	0.157167	0.029181
合肥	0.439024	0.431694	0.345380	0.789970	0.427473	0.223263
福州	0.317073	0.241297	0.238643	0.069782	0.246689	0.024542
厦门	0.609756	0.066502	0.075615	0.176579	0.436727	0.081455
南昌	0.073171	0.539293	0.421194	0.078907	0.367514	0.181388
青岛	0.341463	0.273902	0.258167	0.102180	0.360261	0.200060
济南	0.395122	0.473487	0.442554	0.087288	0.395802	0.231428
郑州	0.317073	0.867082	0.680876	0.420165	0.383697	0.291961
武汉	0.648780	0.879486	0.825114	0.186378	0.609162	0.272389
长沙	0.512195	0.539875	0.458436	0.198129	0.311937	0.132552
广州	0.365854	1.000000	0.870312	0.218079	0.346487	0.270521
深圳	1.000000	0.006435	0.018575	0.163936	0.167427	0.280059
南宁	0.102439	0.353942	0.233716	0.068445	0.301949	0.039900
海口	0.121951	0.053469	0.035559	1.000000	0.076658	0.025583
重庆	0.121951	0.677302	0.571477	0.271351	0.317073	0.000000
成都	0.317073	0.748364	0.674618	0.988519	0.413487	0.316596
贵阳	0.268293	0.277642	0.243754	0.069782	0.246689	0.024542
昆明	0.024390	0.432293	0.374099	0.064895	0.406353	0.144511
西安	0.463415	0.657055	0.666478	0.343972	1.000000	0.377561
兰州	0.219512	0.334360	0.200591	0.437936	0.484736	0.113714
西宁	0.000000	0.000000	0.000000	0.024074	0.265403	0.030886
银川	0.170732	0.027606	0.040868	0.029412	0.033694	1.000000
乌鲁木齐	0.121951	0.120461	0.106936	0.067720	0.261690	0.039115

城市	"互联网＋"指数标准化	移动电话数量标准化	互联网接入量标准化	万人普通本专科在校学生数标准化	万人在校研究生数标准化	研发人员占常住人口比重标准化
北京	0.534032	1.000000	0.601227	0.198502	1.000000	0.804653
天津	0.095258	0.366764	0.352147	0.253125	0.298761	0.444533
石家庄	0.055866	0.274927	0.326380	0.341410	0.078805	0.167147
太原	0.045143	0.122741	0.109202	0.894365	0.413128	0.082486
呼和浩特	0.028245	0.033819	0.000000	0.669306	0.467746	0.134315
沈阳	0.076229	0.268805	0.182822	0.394803	0.422124	0.242167
大连	0.047747	0.165015	0.141104	0.000688	0.053310	0.000000
长春	0.049947	0.202915	0.154601	0.492961	0.490685	0.343470
哈尔滨	0.055859	0.262682	0.209816	0.381523	0.371082	0.131230
上海	0.389886	0.867930	0.771779	0.141262	0.425175	0.454266
南京	0.100643	0.233819	0.496933	0.761872	0.994888	0.411461
杭州	0.179789	0.408746	0.560736	0.366373	0.377902	0.453792
宁波	0.092140	0.261516	0.407362	0.127297	0.000000	0.441051
合肥	0.064584	0.161808	0.252761	0.539172	0.365072	0.446964
福州	0.128780	0.165598	0.287117	0.328383	0.208595	0.325902
厦门	0.116597	0.079883	0.192638	0.271390	0.291044	0.609088
南昌	0.052347	0.084840	0.163190	1.000000	0.345676	0.105966
青岛	0.090307	0.282507	0.388957	0.645865	0.349989	0.488636
济南	0.079925	0.189213	0.303067	0.293152	0.263839	0.348684
郑州	0.156538	0.345190	0.328834	0.838836	0.170265	0.335421
武汉	0.253231	0.372886	0.463804	0.765957	0.807583	0.443651
长沙	0.168040	0.256851	0.278528	0.671731	0.532574	0.540802
广州	0.672976	0.804956	0.576687	0.638748	0.424552	0.361283
深圳	1.000000	0.687172	0.504294	0.000000	0.072170	1.000000
南宁	0.082041	0.172012	0.224540	0.504664	0.168095	0.113026
海口	0.034922	0.018950	0.040491	0.471606	0.158912	0.148231
重庆	0.213057	0.860933	1.000000	0.169733	0.115466	0.146229
成都	0.277608	0.685423	0.768098	0.423199	0.368412	0.340353
贵阳	0.039639	0.124490	0.115337	0.620362	0.224211	0.315572

续表

城市	"互联网+"指数标准化	移动电话数量标准化	互联网接入量标准化	万人普通本专科在校学生数标准化	万人在校研究生数标准化	研发人员占常住人口比重标准化
昆明	0.083989	0.212536	0.196319	0.644622	0.360595	0.036470
西安	0.131938	0.446647	0.361963	0.657106	0.748217	0.471541
兰州	0.018329	0.077259	0.105521	0.974520	0.631130	0.231103
西宁	0.000000	0.000000	0.011043	0.238472	0.140882	0.137010
银川	0.016320	0.027114	0.019632	0.373052	0.149201	0.207898
乌鲁木齐	0.021235	0.047813	0.099387	0.664444	0.314563	0.197999

城市	信息化基础指数标准化	百度搜索"ETC怎么办理、ETC办理、ETC、ETC官网"指数整体日均值标准化	教育和科学技术支出占财政支出比重标准化	信息技术行业风险投资/私募股权投资融资额标准化	百度搜索"知乎网、知乎日报"指数整体日均值标准化	政府透明度指数标准化
北京	1.000000	1.000000	0.572439	1.000000	1.000000	0.848859
天津	0.405533	0.335415	0.407340	0.034193	0.256522	0.619297
石家庄	0.165108	0.240856	0.668353	0.000007	0.154348	0.000000
太原	0.174523	0.161463	0.552035	0.000000	0.142029	0.535409
呼和浩特	0.000000	0.068689	0.000000	0.000000	0.061594	0.337690
沈阳	0.227040	0.182872	0.314353	0.000003	0.138406	0.823432
大连	0.146663	0.114184	0.185593	0.000121	0.139130	0.655181
长春	0.193160	0.114184	0.311288	0.000838	0.117391	0.328660
哈尔滨	0.141155	0.127565	0.231136	0.000044	0.147826	0.637120
上海	0.884527	0.725245	0.441792	0.203432	0.726812	0.676331
南京	0.353913	0.279215	0.672987	0.013060	0.332609	0.679420
杭州	0.474574	0.482605	0.862728	0.189187	0.439855	0.625475
宁波	0.289164	0.210526	0.569078	0.000716	0.131159	0.889021
合肥	0.141796	0.209634	0.725148	0.000153	0.207246	1.000000
福州	0.162675	0.150758	0.526081	0.000691	0.193478	0.816778
厦门	0.199821	0.111508	0.509987	0.003253	0.160145	0.809173
南昌	0.108108	0.101695	0.538763	0.000003	0.180435	0.590304
济南	0.219547	0.238180	0.528860	0.000218	0.248551	0.605751

续表

城市	信息化基础指数标准化	百度搜索"ETC怎么办理、ETC办理、ETC、ETC官网"指数整体日均值标准化	教育和科学技术支出占财政支出比重标准化	信息技术行业风险投资/私募股权投资融资额标准化	百度搜索"知乎网、知乎日报"指数整体日均值标准化	政府透明度指数标准化
青岛	0.248687	0.167707	0.659594	0.000670	0.202899	0.876901
郑州	0.319841	0.396075	0.226514	0.000457	0.313043	0.894487
武汉	0.379595	0.395183	0.748516	0.010190	0.441304	0.658508
长沙	0.232868	0.213202	0.575889	0.000270	0.262319	0.737405
广州	0.667926	0.326494	1.000000	0.051763	0.568116	0.974572
深圳	0.736134	0.267618	0.529376	0.173131	0.533333	0.825333
南宁	0.120789	0.101695	0.553250	0.000069	0.136957	0.540162
海口	0.111695	0.000000	0.385870	0.001251	0.068841	0.609078
重庆	0.504996	0.319358	0.347691	0.002834	0.297826	0.452709
成都	0.471244	0.445138	0.439799	0.008870	0.457246	0.914211
贵阳	0.131421	0.100803	0.659887	0.001068	0.081159	0.739068
昆明	0.190406	0.174844	0.446652	0.000014	0.132609	0.359078
西安	0.403100	0.292596	0.430403	0.000641	0.289855	0.701521
兰州	0.151723	0.089206	0.625395	0.000001	0.080435	0.551568
西宁	0.050019	0.004460	0.402282	0.000000	0.000000	0.285409
银川	0.132573	0.024086	0.170276	0.000121	0.020290	0.882129
乌鲁木齐	0.205136	0.043711	0.352070	0.000000	0.046377	0.230989

城市	政府网站互动交流指数标准化	移动支付发展指数标准化	科协学术会议交流论文数标准化	高技术产品进出口贸易总额标准化	高峰拥堵延时指数标准化	忙闲时加权平均可用下载速率标准化	技术合同成交额标准化
北京	0.648649	0.718388	0.631888	0.224150	0.255275	0.858407	1.000000
天津	0.810811	0.555917	0.225255	0.263742	0.604364	0.684366	0.216438
石家庄	0.675676	0.211950	0.002679	0.001794	0.435135	0.669617	0.005516
太原	0.675676	0.153718	0.011352	0.011346	0.219414	0.616519	0.023016
呼和浩特	0.000000	0.000506	0.000255	0.000650	0.000000	0.141593	0.000770
沈阳	0.702703	0.123264	0.261097	0.014283	0.374148	0.820059	0.075974

中国城市创新生态系统评价（2020）

附录 指标的标准化数据

续表

城市	政府网站互动交流指数标准化	移动支付发展指数标准化	科协学术会议交流论文数标准化	高技术产品进出口贸易总额标准化	高峰拥堵延时指数标准化	忙闲时加权平均可用下载速率标准化	技术合同成交额标准化
大连	0.810811	0.138889	0.017092	0.014962	1.000000	0.831858	0.040417
长春	0.891892	0.078921	0.013010	0.004864	0.468956	0.348083	0.084160
哈尔滨	0.189189	0.090133	0.045281	0.001060	0.608634	0.312684	0.048849
上海	0.783784	1.000000	1.000000	1.000000	0.652180	1.000000	0.339146
南京	1.000000	0.487413	0.154337	0.188649	0.273185	0.622419	0.085298
杭州	0.378378	0.759187	0.432908	0.038271	0.399759	0.781711	0.056523
宁波	0.648649	0.362558	0.221301	0.020661	0.347910	0.811209	0.021858
合肥	0.675676	0.371672	0.055612	0.014689	0.459028	0.575221	0.063475
福州	0.864865	0.345486	0.224490	0.024085	0.665508	0.707965	0.019730
厦门	0.891892	0.367839	0.160714	0.024373	0.274083	0.743363	0.023130
南昌	0.945946	0.331163	0.011224	0.008074	0.609693	0.660767	0.009032
济南	0.837838	0.273293	0.185969	0.015210	0.219348	0.755162	0.049563
青岛	0.972973	0.254413	0.404082	0.020254	0.360055	0.837758	0.057392
郑州	0.810811	0.435692	0.104592	0.036745	0.231135	0.808260	0.007276
武汉	0.432432	0.628111	0.202423	0.039516	0.444049	0.755162	0.228171
长沙	0.702703	0.264323	0.119643	0.006366	0.309068	0.581121	0.022356
广州	0.351351	0.522931	0.138265	0.596261	0.599469	0.280236	0.121412
深圳	0.891892	0.549769	0.224872	0.623630	0.381478	0.401180	0.316104
南宁	0.702703	0.251736	0.008801	0.008648	0.553859	0.000000	0.008312
海口	0.648649	0.150535	0.000000	0.003094	0.144361	0.749263	0.005414
重庆	0.486486	0.559606	0.218622	0.243565	0.724138	0.572271	0.063170
成都	0.756757	0.373192	0.100638	0.086244	0.283892	0.637168	0.135510
贵阳	0.432432	0.114873	0.005740	0.004480	0.505660	0.469027	0.029583
昆明	0.486486	0.110822	0.003444	0.003383	0.167989	0.545723	0.015133
西安	0.513514	0.355541	0.438648	0.058462	0.264313	0.530973	0.271335
兰州	0.459459	0.081742	0.000000	0.000902	0.343276	0.516224	0.007542
西宁	0.189189	0.000000	0.005740	0.000000	0.460789	0.365782	0.006816
银川	0.567568	0.029442	0.001276	0.000418	0.096059	0.392330	0.000380
乌鲁木齐	0.405405	0.014974	0.000000	0.000630	0.144862	0.041298	0.000000

后　记

进入新时代，创新成为引领发展的第一动力，是维持国家核心竞争力的关键因素。城市创新生态系统作为国家创新系统的有机组成部分，在促进城市创新、区域创新、产业创新中起着不可替代的作用，决定了国家创新能力的高低。因此，探究城市创新生态系统的发展情况，对于政府制定相关政策，推进创新型国家建设具有重要的战略意义。本书对 2019 年我国 35 个主要城市的创新生态系统发展状况进行了系统的评价，并与 2016 年城市创新生态系统数据展开纵向对比，取得了一系列丰富的研究成果。在此基础上，本书进一步分析了城市群在创新生态系统中发挥的"集聚效应"，系统梳理了不同城市群集聚的特征，并对城市群的创新发展提出了政策建议。

课题研究和书稿撰写情况如下：总论由王婷、罗燊、梁丽华、刘柱、窦园园撰写和修订；第一章绪论由王婷撰写和修订；第二章城市创新生态系统效率评价由梁丽华撰写和修订，健康性评价由刘柱撰写和修订，智慧性评价由窦园园撰写和修订；第三章指标构建由梁丽华、刘柱、窦园园撰写和修订，评价方法由窦园园、罗燊撰写和修订；第四章城市创新生态系统效率的数据与结果由梁丽华撰写和修订，健康性的数据与结果由刘柱撰写和修订，智慧性的数据与结果由窦园园撰写和修订；第五章由梁丽华撰写和修订；第六章由刘柱撰写和修订；第七章由窦园园撰写和修订；第八章西安案例由窦园园撰写，广州案例由梁丽华撰写，武汉案例由王婷撰写，哈尔滨案例由罗燊撰写；第九章、第十章由王婷、罗燊撰写和修订。本书最后由刘涛雄教授、张永伟研究员修改和定稿。

课题的研究得到了清华大学社会科学学院戎珂副教授、吴金希副教授、杜彬彬老师及清华大学创新发展研究院学术委员会等的指导和帮助，数据得到了国家信息中心、国家宽带发展联盟、中国软件测评中心、阿里巴巴

175

后　记

研究院、腾讯研究院和智联招聘网的支持，在此一并致谢。

《中国城市创新生态系统评价（2020）》课题组

2020 年 8 月

图书在版编目（CIP）数据

中国城市创新生态系统评价. 2020 / 刘涛雄，张永
伟主编. -- 北京：社会科学文献出版社，2020.11
（创新与发展系列丛书）
ISBN 978 - 7 - 5201 - 7352 - 0

Ⅰ.①中… Ⅱ.①刘… ②张… Ⅲ.①城市经济 - 国
家创新系统 - 系统评价 - 中国 - 2020 Ⅳ.①F299.2

中国版本图书馆 CIP 数据核字（2020）第 180502 号

创新与发展系列丛书
中国城市创新生态系统评价（2020）

主　　编／刘涛雄　张永伟

出 版 人／王利民
责任编辑／高　媛

出　　版／社会科学文献出版社·政法传媒分社（010）59367156
　　　　　　地址：北京市北三环中路甲 29 号院华龙大厦　邮编：100029
　　　　　　网址：www.ssap.com.cn
发　　行／市场营销中心（010）59367081　59367083
印　　装／三河市尚艺印装有限公司

规　　格／开 本：787mm×1092mm　1/16
　　　　　　印 张：11.75　字 数：191 千字
版　　次／2020 年 11 月第 1 版　2020 年 11 月第 1 次印刷
书　　号／ISBN 978 - 7 - 5201 - 7352 - 0
定　　价／68.00 元

本书如有印装质量问题，请与读者服务中心（010 - 59367028）联系